SALES PSYCHOLOGY
销售心理学

决定客户购买行为的 **8个关键**

刘思远　编著

化学工业出版社

·北京·

内容简介

本书按照销售活动的常规逻辑逐步进行，从心态到行动，从初次拜访到深入沟通，从讨价还价到确定订单，从售前、售中到售后等，运用心理学知识与销售技能相结合，循序渐进，先影响客户后说服客户，促使其尽快做出购买决定，轻松拿到订单。

全书分为8章，最大的亮点是结合心理学，重点解决了销售过程中的心态问题、第一印象问题、初步沟通问题、深入沟通问题、化解客户异议问题、服务问题、肢体语言使用问题和订单问题8个关键问题，并深入介绍了通过这8个关键问题来影响客户心理，促使其尽快做出购买决定的方法、技巧和策略。本书不仅适合企业销售人员、卖场销售人员、销售经理等阅读，也适合有意从事销售工作的普通大众阅读参考。

图书在版编目（CIP）数据

销售心理学：决定客户购买行为的8个关键 / 刘思远编著 . —北京：化学工业出版社，2020.11（2024.11重印）

ISBN 978-7- 122-37684-8

Ⅰ . ①销 ... Ⅱ . ①刘 ... Ⅲ . ①销售—商业心理学 Ⅳ . ① F713.55

中国版本图书馆 CIP 数据核字（2020）第 168671 号

责任编辑：卢萌萌　　　　　　　　　　加工编辑：李曦
责任校对：王佳伟　　　　　　　　　　装帧设计：王晓宇

出版发行：化学工业出版社（北京市东城区青年湖南街13号 邮政编码100011）
印　　装：北京科印技术咨询服务有限公司数码印刷分部
710 mm×1000 mm　印张12¼ 字数 235 千字　2024 年11月北京第 1 版第 5 次印刷

购书咨询：010-64518888　　　　　　　售后服务：010-64518899
网　　址：http://www.cip.com.cn

凡购买本书，如有缺损质量问题，本社销售中心负责调换。

定　　价：49.80 元　　　　　　　　　　　　　　　　　版权所有　违者必究

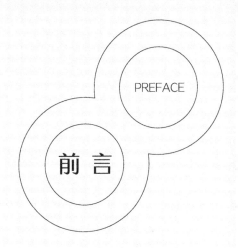

销售过程是一个先影响客户，后说服客户的过程。作为销售人员，与其用言语苦口婆心地劝说客户购买，不如先做好自己，将自身心态、个人形象、基本素养、推销技能等全都调整到最佳状态，凸显自身的亮点，从而潜移默化地去影响客户、改变客户，以让其自动自觉地对你及你所推销的产品产生认可，并尽快做出购买决定。

本书将心理学知识与销售技能相结合，让销售人员在掌握心理学的基础上更顺利快速地将产品销售出去。全书共 8 章，从销售活动的常规逻辑出发，按照从心态到行动，从初次拜访到深入沟通，从讨价还价到确定订单，从售前、售中到售后等顺序，循序渐进讲解销售技巧，符合大多数人的阅读习惯。

本书最大的亮点是利用心理学知识分析销售过程中经常遇到的问题，促使客户尽快做出购买决定。本书用 8 个章节阐述了影响客户购买行为的 8 个关键问题，具体包括：

(1) 心态问题：拜访或会见客户前如何将自己的心态快速调整到最佳；

(2) 第一印象问题：初次拜访或会见客户时如何给对方留下良好的第一印象；

(3) 初步沟通问题：与客户首次沟通时如何在对方头脑中建立其对自己的欣赏和认同；

(4) 深入沟通问题：与客户沟通中运用哪些技巧才能增强客户对自己的好感；

(5) 化解客户异议问题：当客户对产品有异议时如何巧妙化解；

(6) 服务问题：如何做好售前、售中、售后服务，及时消除客户的后顾之忧；

(7) 肢体语言使用问题：除了言语沟通，如何运用身体语言辅助谈判；

(8) 订单问题：当客户犹豫不决，迟迟拿不定主意时，如何做好工作，促使客户快速下单。

本书结构布局合理，脉络分明，按照销售活动的先后顺序依次阐述，适合一线销售人员阅读；且理论联系实际，精心编选案例，加上指导性超强的小贴士，可读性、实用性都很强。

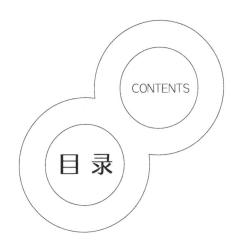

目录

第1章 关键1:
调整自我心态,消除不敢面对客户的心理障碍 / 1

1.1 具有自信,认定自己"行"才能成功 / 2
1.2 坚定信念,做销售也靠一种信仰 / 5
1.3 如果总害怕失败,那肯定不会成功 / 7
1.4 真诚表达,先感动自己再感动别人 / 10
1.5 展现真诚,至少让客户不排斥你 / 13
1.6 尊重客户,及时表达对客户的尊重 / 15
1.7 学会忍耐,忍受客户的不耐烦 / 18
1.8 给客户积极期待,避免消极心理影响客户期待 / 20

第2章 关键2:
重视初次拜访,树立良好的第一印象就成功了一半 / 24

2.1 巧设自我介绍,让客户马上记住你的名字 / 25
2.2 注重着装打扮,初次见面第一印象很重要 / 28
2.3 改变形象先改变关系,关系近了好感自来 / 30
2.4 行为有礼有节,在客户头脑中建立积极定位 / 33
2.5 说话风趣幽默,营造一个轻松的交流氛围 / 36
2.6 开场白要灵活,避免陷入固化思维中 / 39
2.7 微笑是沟通之本,用你的笑容感染客户 / 41

2.8 始终如一讲诚信，让客户觉得你很可靠 / 44
2.9 以情感为纽带，先谈情感再谈合同 / 46
2.10 学会"送人情"，让客户产生偿还之心 / 49

第3章

关键3：
培养客户认同，
欲卖产品首先让客户接受你 / 52

3.1 先打一场情报战，知己知彼方可自如应对 / 53
3.2 巧妙提问，发现客户最真实的想法 / 57
3.3 记住客户喜好，找到客户感兴趣的话题 / 60
3.4 懂得赞美，这是世界上最好的语言 / 62
3.5 设置悬念，让客户不由自主想要了解更多 / 65
3.6 认真倾听，不要轻易打断客户的话 / 68
3.7 搞好个人关系，改善关系才能改变形象 / 70
3.8 不要马上满足客户要求，否则会事与愿违 / 73
3.9 开诚布公，讲出产品的缺陷和不足 / 75
3.10 双方产生争议时，要及时找到解决方案 / 78
3.11 客观评价竞争对手，有效增强客户的认同感 / 80

第4章

关键4：
做好产品介绍，
根据客户需求有针对性地推荐 / 83

4.1 说一些客套话，不如直截了当介绍产品 / 84
4.2 产品资料很重要，但不必照本宣科 / 86
4.3 善于运用榜样的力量，增强客户认同感 / 89
4.4 阐明产品利益点，切中客户痛点需求 / 91

4.5 多做演示，强化产品的视觉效果 / 94
4.6 创造客户接触产品的机会，增强对产品的体验 / 96
4.7 善于讲故事，产品背后的故事更能打动人 / 98
4.8 当客户没有需求时，要善于制造需求 / 102

第5章

关键 5：
化解客户异议，
始终与客户站在同一条战线上 /105

5.1 不要过于自我，多从客户角度考虑 / 106
5.2 对异议表示理解，鼓励客户说出来 / 108
5.3 逐步澄清事实，消除客户误解 / 110
5.4 结合需求介绍，弱化客户对产品的异议 / 112
5.5 避开价格谈价值，化解客户对价格的异议 / 115
5.6 避免言语冲撞，客户越激动你越要冷静 / 117
5.7 善于比较分析，用产品优势抵消客户异议 / 119
5.8 适当让步，用事实证明你的诚意 / 122

第6章

关键 6：
消除客户疑虑，
让客户找到购买产品的理由 / 125

6.1 坦诚一点，会让客户更安心 / 126
6.2 给出一个购买理由，更容易赢得客户支持 / 128
6.3 走进客户内心，了解他们的忧虑 / 131
6.4 利用从众心理，让大家为你的销售助力 / 134
6.5 寻找有权威的支持者，会增强客户对合作的信心 / 137

6.6 描绘合作前景,弱化客户的消极念头 / 139
6.7 证明自己的信用,让客户更加信任 / 142
6.8 用数据说话,会增强你的信服力 / 144
6.9 先提出简单要求,然后再"得寸进尺" / 147
6.10 真心帮助客户,让客户感激你 / 150

第 7 章

关键 7:
实现全方位沟通,
用身体语言提升沟通融洽度 / 153

7.1 恰当利用手的力度和方向,巧妙操控个人气场 / 154
7.2 增加眼神交流,有时一个眼神胜过十句话 / 157
7.3 丰富面部表情,避免交流过于程式化 / 159
7.4 留心客户的颈部动作,及时掌握客户内心动态 / 162
7.5 利用空间位置变换,让客户不知不觉信赖你 / 164
7.6 运用身体小动作,拉近与客户之间的距离 / 166
7.7 观察脚部方向,对客户的真实想法做到心中有数 / 169
7.8 识别客户撒谎的信号,知己知彼方能百战百胜 / 172

第 8 章

关键 8:
坚定客户决心,
一锤定音促使客户下单付款 / 175

8.1 多肯定客户,让客户自己说服自己 / 176
8.2 运用稀缺原则,促使客户迅速采取行动 / 178
8.3 巧妙使用限制策略,唤起客户怕失去的心理 / 181
8.4 找到双方的一致利益,与客户达成一致 / 184

第1章

关键1:
调整自我心态，消除不敢面对客户的心理障碍

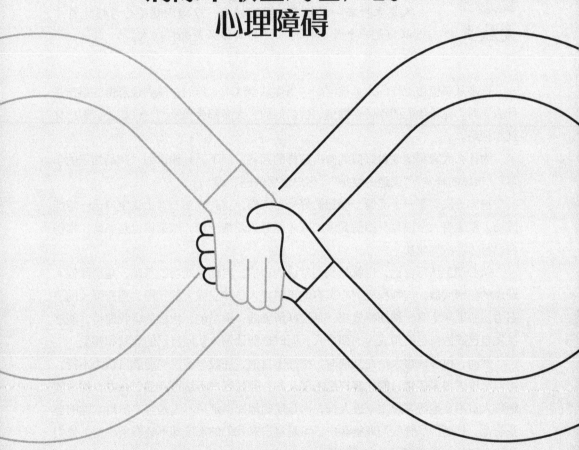

要想成为一名优秀的销售人员，大多都要经历一番艰难困苦，但并不是每个人都能脱颖而出。那些成功的销售人员之所以成功，很重要的一个原因就是心态好。"心态决定一切"，做销售必须要有好的心态，自信、坚定、积极、热情，有了良好的心态，才能消除心理障碍，迎难而上。

1.1 具有自信，认定自己"行"才能成功

> **美国 爱默生**
>
> 人类本性有一种根深蒂固的倾向，这倾向就是你习惯地自以为是一个什么样的人，那么你必是那样的人。

许多从事销售工作的人，被问到"当你从事这项工作时，感到最恐惧的事情是什么"时，无论他们的年龄、性别、性格如何，大多都会提及同一件事：被客户怀疑和拒绝。

为什么大家都像商量好似的做出这样的回答，而不是其他诸如"产品知识的学习""市场的开发""渠道的维护""客户售后问题"等？

这充分说明了一个问题，要想做好一项工作，首先需要心理上认定自己一定能成功。就像有人常说只有相信爱情的人才能遇见爱情一样，做销售也是如此，相信自己行才能最终成功。

从心理上认可自己，也就是我们常说的自信。自信是成功的基础，是消除他人疑虑的秘密武器，这种积极的心态有助于销售人员建立强大的气场，拥有强大的感召力。心理学上有一种期待效应，是这样解释的：适当的、积极的自我期待，能够激发自己成为自己要想成为的那个人，同时也能让别人认同自己的想法和感受。

然而，很多销售人员在推销时，往往不自信，还没与客户沟通就自认为不行，给自己设置很多假想：假如客户拒绝怎么办？假如客户不认可产品怎么办？优秀的销售人员不会抱怨客户太不近人情，而是明确地知道那只不过是客户出自本能的自我防范。然而，尽管我们理解客户，可是客户对我们的态度却不会有所改变，他们依然会树起一道严密而坚实的防线。

那么，销售人员在面对客户严密的心理防线时，该怎么办？唯一的方法就是充分展示自己的自信心，通过自信去感染客户。客户对我们越是警惕、越有疑虑，我们就要表现得越自信。

我们可以看看以下几位著名的销售人员，是如何表现自信的。

案例 1

乔·甘道夫是世界上最成功的保险销售人员之一,在其最辉煌时期曾一年内签保单超过10亿美元。据他自己称,他的成功来源于对自己产品的信心,他始终相信自己的产品可以为客户带来利益,否则,他不可能做出任何惊人的成绩。为了证明自己对人寿保险的信念,他首先给自己买了一张1000多万美元的保单。从此,每一个与他约定面谈的人都会向他购买保险,他的很多客户也是产品的忠诚信徒。

乔·吉拉德也是很多销售人员推崇的人,他是唯一一位载入吉尼斯纪录中的销售人员。鼎盛时期,他销售出去的汽车平均每天达6辆,他的成功也是因为他有坚定的信念。下面这句话印证了他对自己信念的坚定:"我最大的秘诀是销售世界上最好的产品!"

马丁·德·沙菲洛夫是美国金融界有名的股票经纪人,他每年收入高达数千万美元。他的客户都是华尔街的高官、名人等。他成功的秘诀在于有岩石般坚定的信念,他始终相信"再成功的人也需要自己的帮助"。

正是因为足够自信,这些人才取得如此大的成就,自己把自己销售出去。那么,销售人员如何做才能树立起自信心呢?如图1-1所示的3种方法对增强自信心有很大帮助。

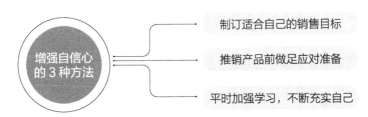

图1-1 销售人员增强自信心的3种方法

(1) 制订适合自己的销售目标

现今这个社会大多数人心态浮躁。有些销售人员同样如此,面对激烈的竞争,对自己的期待过高、过大,很容易脱离实际,往往会制订一些自己根本无法达到,远远超出自身能力的目标。结果,一旦无法完成,或完成得不理想,自己便感觉遭受了打击,从而导致心理上产生浮躁、焦虑情绪,再加上自己不会调整,挫败感就会成倍增长,最终影响自己职场的发展。

（2）推销产品前做足应对准备

面对突如其来的你及陌生的产品，客户肯定会提出各种质疑。很多销售人员在客户的质疑中就变得不自信，神情紧张，说话吞吞吐吐。

预防这一情况发生的最好措施就是提前做足案头工作，做到有备无患。因此，在拜访客户之前，就要认真仔细地去做准备，全面透彻地了解产品知识，用产品知识武装自己的头脑；预想和分析客户可能问到的问题，尤其是与产品有关的常见问题，要做到对客户所有的质疑对答如流。这不仅能增加客户对自己的好感，更重要的是能为自己平添几分自信心。

（3）平时加强学习，不断充实自己

一个人一旦不学习就会停滞不前，自然缺乏自信，要想自信就要时刻不放弃学习。比如，学习与自己的职业和产品有关的知识，对待客户的问题是否有新的解决方案和方法，了解同事和竞争对手是否有了新的销售方法，等等。作为销售人员必须时刻保持清醒的头脑，加强学习，吸收新鲜的知识，提高自身能力，把知识运用到实际销售中去。

了解得越多，在客户面前越有自信，就越是能够得到客户的尊敬和认可，并从中受益，要知道人们对专家是非常信赖的。

优秀的销售人员之所以能够取得优异的成绩，并不是说他有多么优越的条件，也不是说不好的条件在他面前会有所好转，而是因为他们有一个良好的心态，把一切艰难困苦都当成对自己的考验。要使自己成为一名优秀的销售人员，必须培养自信心，相信自己能够胜任销售工作，相信自己能够战胜所遇到的一切困难，相信自己能够说服客户。

值得注意的是，在展现自信的同时，要把握一定尺度，否则会给人自负之感。在客户面前，积极的自信是必要的，但这种自信必须是一种发自内心的自我肯定，切忌将展现自信作为一种形式，更不要表现得过了头，将自信表现为自负。

从心理学角度讲，自信与自负都属于自我知觉的范围。自信是一个多维度的心理系统，是个体对自己的正面肯定和积极确认程度。自信是对自己的肯定，是以自我能力为基础的，它非常吸引人，能对他人产生强大感召力和影响力。自负表面上看来也是"信心满满"，实质上却是无知的表现，往往是自以为了不起，过高地估计自己。

> **小贴士** 销售人员在面对陌生客户时要从心里认定自己能够成功,无论客户以怎样的态度对待都要如此,始终表现出一种专属于你的、坦然而坚定的自信,客户会因为你的自信而愿意与你进一步沟通。

1.2 坚定信念,做销售也靠一种信仰

美国 乔·甘道夫

业务员的事业建立在对自己产品的信心上。我相信,若不是百分之百的自信,不可能做出任何惊人的成绩。

一支英国探险队负重跋涉撒哈拉沙漠,茫茫沙海,风沙漫天飞舞,阳光下就像烧红的铁砂一般,扑打着队员的面孔。行到半程,大家携带的水都没有了,口渴难耐,心急如焚。这时,探险队队长拿出一个水壶说:"这里还有一壶水,但穿越沙漠前,谁也不能喝。"

每当口渴的时候,队长就让队员依次传递水壶,那沉甸甸的感觉使队员们濒临绝望的脸上,又显露出坚定的神色。

一壶水,成了这支探险队坚定穿越沙漠信念的源泉,成了求生的寄托。最终,所有人顽强地走出了沙漠,大家喜极而泣。

正当大家庆幸挣脱了死神之手时,队长用颤抖的手拧开了水壶,队员们惊讶地发现缓缓流出来的是一壶沙子!

此时,所有人才恍然大悟,支撑他们精神和信念的不是水,而是沙子。

此后,这个靠"信念"挣脱死神之手的故事也广为流传。信念,其实就是人们对某种需要或愿望产生的强烈、坚定不移的思想情感。人在陷入绝境时,想要活下去需要坚定信念的支撑,只有有了坚定的信念才能有足够的勇气去克服眼前的困难,释放出生命中意想不到的巨大能量。同样,作为销售人员也需要有一种职业信念,销售是一种职业,你既然从事这份职业,就必须坚信它,将其当成生活中不可或缺的一部分,否则很难在这条路上走下去。

一位先哲曾经说过:"坚定的信念是走向成功的敲门砖。"要使自己成为一名优秀的销售人员必须有坚定的信念,相信自己的工作,并能够战胜所遇到的一切困难。

那些始终无法达成目标，或者经常失败的销售人员，常常将其失败的原因归结为"产品不行""市场环境太差""客户太刁钻"等这些外在因素，其实，决定一个人成败的是内在因素。而内在因素中信念又起着决定性作用。

销售人员之所以失败，从根源上说是他缺乏一个必胜的信念，失去了信念也就失去了走向成功的动力。而成功的销售人员总是有坚定的信念，高度认可这份职业，充分相信自己的公司和产品。

案例 2

原一平在明治公司做保险销售人员的时候，想要通过集团董事长串田万藏要一份三菱集团全体员工的花名册（这里有必要介绍一下，三菱集团有许多子公司，三菱总公司、三菱银行，也包括明治保险公司），希望以此来提高销售业绩。当他把这一想法向董事长说明后，董事长竟然一口回绝，而且还不屑地说："你以为我会帮你推销保险这玩意儿吗？"

原一平没有料到董事长能说出这样的话，他大为愤怒，径直走到董事长面前，毫不客气地说道："你把保险这一神圣的行业说成是'这玩意儿'吗？保险是每个人都需要的，这句话以前你也常常说吧？怎么今天竟然这样来形容我们的行业？你这样的人，还是公司的董事长吗？"

说完这话，原一平走出了办公室。当他走出办公室后，原本以为董事长肯定会让他辞职走人。可令他没想到的是，结果恰恰相反。第二天，董事长让公司经理告诉他，同意为他提供全体员工花名册，并祝他工作顺利。

原一平为什么能够成功？就是因为他将自己的工作视为神圣的职业，即便轻视这一职业的人是自己任职公司的董事长，他也有勇气反驳。

原一平的言行其实就是信念坚定的表现，正因为有了这份坚定，才使他在保险界取得如此大的成就。所有伟大的销售人员都对自己的所作所为坚信不疑。因此，一个销售人员想取得成功，首先必须要有坚定的信念。那么，如何才能树立起坚定的信念呢？如图1-2所示的做法对信念的增强有很大的帮助。

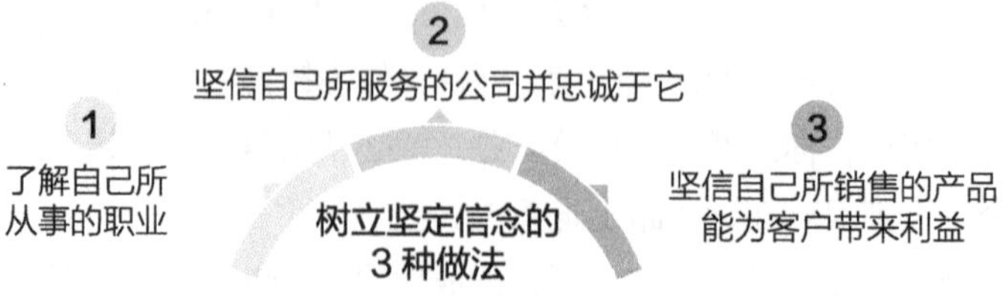

树立坚定信念的3种做法：

1. 了解自己所从事的职业
2. 坚信自己所服务的公司并忠诚于它
3. 坚信自己所销售的产品能为客户带来利益

图1-2 销售人员树立坚定信念的3种做法

（1）了解自己所从事的职业

俗话说"蛇有蛇路，龟有龟道"，做任何职业都必须先了解相关的知识，医生要学习医学知识，会计要学习财务知识，企业管理者要掌握一系列的管理知识。正因为如此才有隔行如隔山的感觉。所以，当你确定自己将入行时就有必要多了解一下销售这一职业的相关知识，包括职业特征、发展现状、发展前景等。

（2）坚信自己所服务的公司并忠诚于它

销售人员不仅要相信自己，还要对自己所服务的公司有信心，并忠诚于它。对自己所服务的公司缺乏忠诚度的人永远不会把自己看作公司的主人，永远不会全身心地扑在工作上，永远不会像维护自我利益那样去维护公司的利益。销售人员应有的正确的态度是：多多了解自己的企业，把企业使命当作己任，培养对企业的深厚感情，相信自己所服务的公司能为客户提供最好的产品或服务。

（3）坚信自己所销售的产品能为客户带来利益

对自己的产品有信心，这是非常重要的，是与客户成功交流的基础。只有真正相信产品能为客户带来利益，才能胸有成竹地说服对方购买。而很多销售人员对自己销售的产品没有信心，比如自己所推销的产品价值1万元人民币，他心里却认为产品只值1000元人民币，如此看低产品价值，又怎么能斩钉截铁地向对方索要1万元呢？

> **小贴士** 信念是一个人内心情感浓缩的精华，是坚持不懈的精神动力。销售人员做好推销的前提是必须有坚定的信念，因为只有信念坚定，才能不放弃不动摇，为实现最终目标持续不断地努力。

1.3 如果总害怕失败，那肯定不会成功

德国
赫尔巴特

> 你的意志已准备好了，你的脚步也就轻快了。

一个销售人员要想在推销产品上取得好成绩，能力固然重要，但是最首要的影

响因素还是推销员本身的心态,即要不怕失败。总害怕失败,不敢尝试,能力就无从谈起。销售人员每天要与各种各样的客户打交道,无论最后是两手空空,还是满载而归,都要有一个乐观的心态,敢于尝试。如果总是害怕失败,一见到客户心情就沮丧,这种消极情绪不但会影响自己,势必也会影响到客户。

因此,销售人员必须时刻想着成功,用积极的心态、成功的信念时刻激励自己。抱着"我一定能够成功"的念头去面对客户,这种暗示会帮助你增强自信。

案例 3

井户口健二是日本首席保险推销员,他刚从事保险业的时候,业绩并不十分突出,经常是空手而归。为此,他经常告诫自己:一定要坚持下去。每当遇到困难和打击的时候,他就故作快乐,挺胸阔步,在心里默默地鼓励自己:"健二啊健二,切莫泄气,拿出更大的勇气来吧!提起更大的精神来吧!宇宙之宏大,只有你一个如此落寞啊!"

后来,他每次在业务初期,都要对自己说:"我一定能够卖出去""今天能卖出去,一定能卖得出去。"早晨醒来,他做的第一件事情就是不停暗示自己,出家门后,在路上仍在不断地提醒自己:"今天一定会成功,无论面对什么样的客户,无论走到哪里,我都可以把产品卖出去。"据他回忆,正是经常进行这样的暗示,他才每一天都很自信,这种积极的心理暗示给他带来了超高的业绩、辉煌的成就。

加拿大也有一位推销员,他虽然没有井户口健二这么有名气,但他的做法与其如出一辙。每天早晨上班前他都要穿上笔挺的西装,佩戴上一条高级领带,然后对着镜子和自己说:"至少我的着装是最棒的!""真见鬼,我今天这么好,以后还会更好的。"然后信心十足地去工作。

也许,有很多人会说,这是自我安慰。其实不然,在工作之前对自己进行积极的心理暗示是非常有必要的,积极的心理暗示能产生积极的行为,反之就会产生消极的行为。

比如,你上个月只签订了一份合同,如果你心里认为"只签了一份合同,是不是我不适合做销售,还是别做了吧",那么,你真的会一天比一天差。反之,如果你只是把它看作一种激励,抱着积极的态度来看待这件事情,认为"我上个月又签了一份合同,比上上个月又进步了",并为此而自豪,接下来就会鼓起勇气,为取得更大成绩而继续努力。

是抱着必胜的信念,还是带着消极心态去工作,是两种截然不同的状态。有这样一句名言:"自信者人皆信之。"销售人员在面对客户的时候,只有对自己充满信心、充满激情,才能进一步去感染客户、影响客户,使客户由被动转为主动,对你产生信任,进而相信并购买你所推销的商品。而没有自信、萎靡不振的推销员,在推销活动中则会缩手缩脚、畏难而退,那么客户肯定不会给你机会,最终只会坐失良机、无所作为。客户看到你萎靡不振的样子,对方会表现得更消极。这样不但会影响到自己的工作,还会影响到客户。

那么,如何来避免自己因害怕而失败呢?这就需要从工作中一点点做起,以小积大,以少积多。

(1) 善于激励自己

相信你是最棒的,你有独特的言谈举止,有独特的头脑、心灵,或者眼睛、耳朵、嘴唇、双手,甚至每一根头发都与众不同。自己要善于激励自己,相信自己能做好,一切都可能成为自己的优势所在。在遇到困难的时候,你可以静静地观察自己,或者找个空旷的地方大声喊出自己的名字。你的技艺、头脑、心灵、身体,都要善加利用,否则,都将随时间的流逝而迟钝、腐朽。

(2) 挖掘自己的潜力

一个人的潜力是无穷无尽的,只是没有挖掘出来而已。告诉自己,从今天起,我就要挖掘自己的潜力。挖掘潜力,不能为遇到的困难和挫折而自暴自弃,更不能因昨天的成绩而沾沾自喜。要知道,过去的一切都是过去,成功也好,失败也好,那些都证明不了什么,你要做的就是做到更好。

(3) 充分发展自己的个性

每个人都是独一无二的,你也一样,在这世界上没有一个人和你完全相同,使自己的个性充分发展,是走向成功的一大资本。在推销过程中,没必要徒劳地模仿别人,而应当去展示自己的个性。只要有助于发展自己个性的东西,都应该积极地去发挥它的作用。作为销售人员,最重要的是要学会去同存异,回避人的共性,发扬自己与众不同之处,并且要把这种优势充分运用到推销当中去。

所以,销售人员一定要有一个正确观念,面对失败和挫折要在心里暗示自己"一定能成功",不轻易表现出消极的情绪。

小贴士 一个人的所思所想会表现在言行上，即使刻意掩饰，也会通过各种不经意的表情和动作传递给对方。因此，作为销售人员如果总是害怕会失败，势必表现得消极，客户也会被你的消极情绪所影响。

1.4 真诚表达，先感动自己再感动别人

俄国 契诃夫：只要你说话有权威，即使是撒谎，人家也信你。

有人说，销售全凭一张嘴，这话虽然有些偏颇但也切中了要害，"嘴"主要用来说话，用来表达，对于一个销售人员来讲至关重要。如果你是一个细心的人，就会发现凡是业绩突出的销售人员，表达上都有一番功夫，这就涉及一个是否会表达的问题。

对于销售人员而言，成败关键就在于"表达"的效果。很多销售人员由于经验不够，或心理紧张，或习惯问题，在与客户沟通的时候，不懂得表达技巧。比如，说话逻辑混乱，无主题；语无伦次，语速或过快或过慢，让客户完全跟不上节奏。这样的表达不但无法说服客户，可能连自己也不清楚表达的主次是什么。

销售人员在与客户沟通时必须真诚，只有先感动自己才能感动对方。如果自己说的话连自己都不信，如何让他人信服？成功学大师拿破仑·希尔曾经用了25年的时间对全世界500名不同行业顶尖人士的成功影响因素做过一项研究。结果表明，人的语言魅力排在最前面，富有感染力的语言是有效讲话的前提。

推而广之，这种理论同样适合销售人员。语言的感染力是一种由内而外的自然流露的情感，就像一团火焰，充满热情、魅力四射，从而影响到周围的人。

案例 4

一位客户在某超市购买腊肉，发现这里的腊肉颜色与其他腊肉颜色不同，于是对腊肉的质量起了疑心。

于是，客户质问旁边的促销员："小姐，你们这里的腊肉怎么这种颜色？"

促销员微微一笑说："先生，您见到的腊肉不是这种颜色吗？和我们这里的有什么不同吗？"

客户看到这位销售人员说话很和气，气也消了："是啊，我在老家吃到的可是正宗的腊肉，颜色是红褐色的，可你们这里的颜色却是焦黄的。"

促销员说："哦，是这样的，您说的那种'正宗'的腊肉颜色可能只是腊肉中的一个品种，不同地方的腊肉所采用的做法不同，所以才造成了颜色的差异。我们这里的腊肉是用精选的谷壳熏制的，所以颜色是焦黄的。我们是大型超市，采购时在质量上的要求是很严格的，食品的质量是没有任何问题的，这您尽管放心。"

客户顿时放下心来："哦，原来是这样啊。"

案例中的促销员通过微笑、平和的语气不紧不慢地解释，并询问和了解顾客的想法，打消客户的疑虑。这样的沟通方式真诚而有礼貌，有助于加强语言的感染力，即使客户心存不满，在面对销售人员的耐心介绍、热情服务时，也会消除几分怒气。

作为销售人员，只有从心里真正为客户着想，热爱自己的工作，才能赢得客户的理解和信任。如果缺乏这种真心与真诚，所表达的内容自然缺乏感染力。

那么，如何做才能使自己的表达更富有感染力，以达到影响客户的效果呢？应该注意以下3点，如图1-3所示。

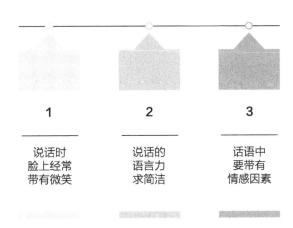

图1-3 销售人员增强语言感染力的3种方法

(1) 说话时脸上经常带有微笑

人们常说,"伸手不打笑脸人""相逢一笑泯恩仇",可见,微笑示人的威力是多么大。在与客户交流时,无论是电话沟通还是面对面交流都应该微笑以对。

笑可以带给他人美好的印象,是一招很有杀伤力的交流技巧。一项心理实验表明,人在潜意识中始终追求美和快乐,而微笑无论在听觉上还是视觉上都可以很好地传达这种感受。一名销售人员如果能把自己的快乐传递给客户,客户也会感到快乐。带有微笑的言语是极具魅力和感染力的。

(2) 说话的语言力求简洁

林肯在当选为总统之前曾是一名优秀的演说家,一次,他被邀请到一个学术会议上发表讲话。在他之前,已有两位教授各做了一场演讲,然而他们的演讲冗长又空洞。轮到林肯上讲台时,他望了一眼台下,用力敲了敲桌子,然后提高嗓门,只说了一句话:"绅士的演讲,应该要像女士的超短裙一样——越短越好。我的演讲完了。"台下顿时爆发了雷鸣般的掌声。

这次演讲后来被称为演讲史上的典范,它告诉我们很多时候说话越简洁越好。特别是在当今这个讲究效率和速度的年代,每个人都很忙,时间都很紧迫,说话更应尽量精练简洁。销售人员更应如此,一方面,要让客户在最短的时间内明白你想要表达什么。另一方面,力求简洁也是销售从业人员的工作要求,销售人员每天要面对很多客户,如果说话啰唆唠叨,不但浪费时间,而且容易造成思路不清的后果,被对方拒绝就是很必然的事了。

(3) 话语中要带有情感因素

同样一句话,在不同的语境下表达效果是大不一样的,这是因为话语中注入的情感因素不同。

当然,并不是要销售人员向客户直接表达自己的情感,而是指与客户沟通时话语中要带有热情、关心之意,能让对方听后心中产生被尊重、被关切的感受。

 作为销售人员,必须要真心喜欢自己的工作,真诚地服务自己的客户。只有这样,说出的每一句话才能饱含情感、富有感染力,也只有这种有感情、有感染力的语言才能从内心深处感动每一个客户。

1.5 展现真诚,至少让客户不排斥你

日本 池田大作

即使开始时怀有敌意的人,只要自己抱着真实和诚意去接触,就一定能换来好意。

销售技巧固然重要,但永远取代不了销售态度,态度决定一切。表达的魅力不在于你多么健谈,不在于你有多好的口才,关键在于谈话中能够体现出你的真诚。说话缺乏诚意就像花朵失去生命力一样,虽然美丽但不鲜活。

因此,销售人员在与客户沟通时,言谈举止中要表达出诚意,及时地把心意传递给对方。只有这样,才能在情感上与对方产生共鸣,从而打动对方,获得对方的认可。

案例 5

小杨是一位保险销售人员,刚刚入行时经常遭到客户的拒绝,但这些事情并没有让他气馁,反而让他更加清晰地意识到销售人员的真诚在工作中的重要性。

一天,他满腔热情地去拜访一个客户,见到客户的时候他便开始自我介绍:"您好,先生!冒昧地打扰一下,我是某保险公司的小杨,我想您一定需要保险……"

还没等小杨把话讲完,客户就极不耐烦地打断:"什么?又来推销保险?我一没得病,二没受灾,你想咒我呀?我不需要!"

听了客户的这番话,小杨就像掉进冰窟窿,心里一阵阵发凉。不过,他还是强忍痛苦,微笑地说:"请您听我把话讲完,好吗?我认为……"

"对不起,还让我重复一遍吗?我对保险毫无兴趣!"

小杨急忙说:"我是专门来向您道歉的!您那么忙,我还不断地打搅您,实在对不起!"

客户见小杨非常有诚意,面色也慢慢缓和下来了。见状小杨抓住时机,紧接着说:"先生,其实今天来我还有一个问题要请教您。"

"不敢当,你想问什么?"

"如果贵公司员工在工作中遇到困难就退缩,您还打算用他吗?"

客户一下子就听出了小杨的言外之意,问道:"对于这个问题你怎么看?"

小杨说:"我的意思是任何事情都不能轻易放弃,就像您还没了解我的产品就断然拒绝,我也不会因此放弃的。"

这番对话后,客户立刻对眼前的这个小伙子有了兴趣,非常客气地请他坐下,慢慢地探讨保险的问题。

遭到客户的冷遇不可怕,可怕的是在遭到这些打击之后,对自己失去信心。要想取得客户最终的好感与信任,销售人员就必须带着诚意去面对每一个客户,尤其是在遭到拒绝之后,不要轻易放弃,要敢于放低自己的姿态,实实在在与客户沟通,让客户回心转意。那么,销售人员在与客户沟通的时候如何展现自己的真诚呢?可以从图1-4所示的3个方面入手去做。

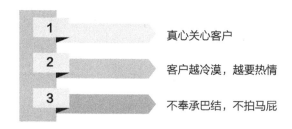

图1-4 销售员展现诚意的3个做法

(1)真心关心客户

销售人员应该时时刻刻关心自己的客户,处处为其着想,尤其是在人际交往中的一些细节问题上,要懂得用语言去悉心关照对方。真诚的话语能够使人产生一种信任感和安全感,这就需要销售人员在与客户交谈的时候,让对方在你的语言中感受到你的诚意。只有你真诚地关心客户,站在对方的立场考虑问题,对方才能对你产生信赖感。

(2)客户越冷漠,越要热情

在推销过程中,很多销售人员会多次遭遇冷漠的客户。面对冷漠的客户,销售人员不应该失落或生气,更不能因此而立刻拒绝沟通,而是应该表现出更大的诚意。因为一个陌生人对别人的请求予以拒绝、抵触是非常正常的现象。要想改变这种结果,唯一可做的是要用自己的诚意去感化对方,让对方意识到你的产品和服务有益于他。

（3）不奉承巴结，不拍马屁

俗话说"精诚所至，金石为开"，只要抱定真诚的态度，就没有办不成的事情。而很多销售人员往往把客户当成自己的摇钱树，对客户耍小聪明。这样的销售人员也许能蒙蔽客户一时，绝不能长久。从长远利益来讲，销售人员与客户之间是一种长期合作关系，这次用花言巧语欺骗了对方，下次客户肯定对你避而远之。而如果你是一位真诚而热情的销售人员，客户会因为你的态度诚挚、热情而感到满足和放心。

对客户表现真诚热情不是巴结奉承，很多销售人员把热情理解为拍马屁，说奉承话。这些虚假的花言巧语反而会损害你的形象，让客户觉得你很虚伪。

对待客户不能眼前真诚热情，背后冷淡诋毁，很多销售人员经常犯这个毛病，面对客户的时候表现得非常好，待客户离开后就开始在背后数落对方。当面一套，背后一套的做法一定要避免，否则，这些行为都会在你的言行中表现出来。

> **小贴士** 面对客户只有表现出诚意，才能最终赢得对方的信任。很多销售人员在成交之前对客户非常热情，成交之后则将客户抛之脑后，不管不顾，俨然是两种态度，这样的销售人员可谓是目光短浅，不明白客户是销售人员永远的财富。

1.6 尊重客户，及时表达对客户的尊重

美国
戴尔·卡耐基

> 对别人的意见要表示尊重，千万别说"你错了"。

有很多销售人员习惯戴着"有色眼镜"看客户，把客户分成三六九等，谁是VIP客户，谁是重点客户，谁是非重点客户，界限非常分明。对于有购买意向的客户毕恭毕敬，笑脸相迎；对没有购买意向或者缺乏购买力的客户则恶语相加，一副满不在乎的鄙夷之情。在销售中，这种态度是要不得的。每个人都有被尊重、被认可的心理需求，当对方这种心理需求无法得到满足时，你很难走进对方心里。作为

销售人员，要懂得尊重客户，这样才能让对方喜欢上你，喜欢上你的产品。

销售人员要尊重每一位客户，无论对方购买你的产品，还是暂时不需要，都要加以重视。对于客户的失误、过错，销售人员也要表示出理解和宽容。客户遇到困难和问题，要想办法采取措施去帮助解决，找出补救和解决的方案。只有一心一意地为客户着想，对方才会从心底感激你进而信赖你。

案例 6

日本丰田汽车公司有一位销售人员，他是一个非常懂得尊重客户的人。他负责推销的豪华车在公司卖得是最好的。他负责的这款车属于豪华型的小轿车，价格昂贵，本以为销售状况不会太好，可就在别人的怀疑声中，他的销量在全日本汽车销售行业创造出了最好成绩。最大的原因就在于他尊重每一位客户。任何一个客户来看车，他都会热情相迎，提供最好的服务。他最喜欢说的一句话就是："买不买车没关系，大家交个朋友嘛！"他既是这么说的，也是这么做的，很多客户都成了他的朋友。

有一位同事曾经问过他："豪华型的汽车，大多数人都没有这个购买能力，而且客户的要求通常很苛刻，你是怎么处理的？"

他回答说："我卖的不是车，而是尊重，一个销售人员要尊重每一个客户，为每一位客户提供最好的服务。"

尊重客户是销售成功的前提和基础，要想把产品销售出去，首先必须懂得尊重对方，赢得客户的认同，从而了解客户的需求。这样，销售人员才能有针对性地进行推销，进一步引导客户喜欢上自己的产品。那么，在与客户打交道的过程中，如何向客户表达自己的尊重呢？

（1）选择恰当的措辞

不同的措辞传达着不同的信息，销售人员在向客户表达尊重和重视之意的时候，用词要慎重，多使用一些积极性的词汇，少用一些消极的措辞；或者也可以转换一种表达方式。比如，预约的时候，客户比你早到，你可以说"非常感谢您的耐心等待"，而不要直接说"很抱歉让您久等了"。因为"抱歉""久等"这两个词实际上无意识地强化了对方"久等"的这个感觉。而第一种表达方式换成了"耐心"，隐去了"久等"的不好的感受，表达了对客户的"耐心"的感激与赞美。

因此，销售人员在说话的时候，措辞的选择是非常重要的，下面一些常用词汇可在实际中根据情况选择使用。

表达称呼的尊词：久仰、敬仰、恭敬、敬重、敬爱、崇敬、尊崇、爱戴、推崇、敬佩；贵公司、贵厂、贵方。

产品描述方面的词：高质量、优良技术、安全、新颖、省钱、经济耐用。

服务描述方面的词：良好服务、优秀、价值、有用的、帮助、技术支援。

要尽量避免困难、复杂化、未经验证的、实验阶段的、麻烦的、有问题的等消极措辞的出现。

（2）站在客户的立场想问题

俗话说"说者无心，听者有意"，双方在交流过程中，经常会出现词不达意、表达不一致的情况。销售人员虽无恶意，但客户却有受侮辱、被讽刺和被取笑的感觉。这主要与销售人员在说话的时候没有充分考虑对方的立场有关。比如对方正在犹豫是否购买，销售人员就要考虑对方犹豫的原因，而不要一味地询问"为什么不买"，如果对方此时正在为价格高而又没有足够的购买能力而发愁，那么销售人员的疑问就会让客户有被鄙夷的感觉。销售人员必须学会站在对方的立场考虑问题，不要只凭着自己的感觉去说话。

任何人都有共同的需求，即被尊重，但是，由于对象不同向其表达尊重的方式也不同。销售人员每天要面对不同类型的客户，如任性的、有耐心的、性子急的、脾气暴躁的等，在与各种各样的人打交道时不能只使用一种腔调交流，否则，一定无法满足各类不同客户的需求。例如，你慢条斯理地与一个脾气急躁的客户说话，他会认为你对他不尊重，因此长篇大论不如捡重点说；而与一个十分有耐心的客户说话，他反而会感到这样很好，认为你讲解得很详细，正是自己想要的。

再比如，如果你是位视觉型的销售人员，却遇到了一位感觉型的客户，你激动万分，以飞快的语速和他讲话，告诉客户你的产品优点在哪里，只怕你讲完之后，客户因为要对你所讲的每一点进行逻辑思考，结果就是没有听全你在讲什么。这时最好的做法就是，你必须和客户一样，放慢自己的说话速度，虽然这样会让你觉得不适应或着急，但是客户却听得很舒服。同理，如果你是位感觉型的销售人员，却遇上一位视觉型的客户，你用一种慢悠悠的语速和客户沟通，还不时停顿，只怕那位视觉型的客户会非常着急，沟通效果自然也不会好到哪里去。

所以说，销售人员要不断地调整自己的表达方式和言辞，针对不同的客户迅速转换话题，以便谈话顺利进行下去。

> **小贴士** 在销售过程中，尊重是最珍贵的媒介，是赢得客户的敲门砖，销售人员应对客户表现出应有的尊重。它犹如冬天里的暖流，烈日中的清风，能扫除人与人之间的隔阂。有了它，对方不再对你设防备的栅栏，从而能够坦诚地与你沟通。

1.7 学会忍耐，忍受客户的不耐烦

> **佚名** 忍别人所不能忍的痛，吃别人所不能吃的苦，是为了收获别人得不到的收获。

二十世纪五六十年代，美国一位科学家做了这样一个实验：他找来一群孩子做实验，在每个孩子的面前放上一块小蛋糕，然后告诉这些孩子，如果能在规定时间内保证不吃这块小蛋糕，那么他就会得到一块大蛋糕。实验的结果是：在等待的过程中有的孩子经不起诱惑吃了小蛋糕；有的则忍耐住没吃，结果得到了大蛋糕。

事后，这位科学家对这些孩子进行了跟踪调查，20年后，发现在实验中能忍耐住不吃蛋糕的孩子大多取得了突出的成就，而没忍住吃了蛋糕的孩子则成绩一般。

这个实验对销售人员很有启发。忍耐是一种精神，是一种意识，忍耐表现为意志品质的坚强，不随心所欲，它是走向销售成功的一大法宝。销售工作中，我们有时会做出错误的选择或错误的决定，往往都是在情绪高涨、缺少控制、缺乏忍耐的时候，所以我们要学会忍耐。

───── 案例 7 ─────

王建新是一位房地产销售人员，半年前，一位客户从他这里买走了一套房子。这套房子依山傍水，环境十分优美，可价格也不菲。这位客户花了100多万元购买了这套房，可不久后他听说这套房子所在地原先是一片墓地，便感觉非常晦气，大为不满。从此以后，他一直以为自己买这套房子是一个极大的错误。于是，他要求王建新为他换一套房子，可合同已经签订，要进行调换是不可能的，

即使能调换也不是短期内能处理好的。所以，王建新并没有立即答应这位客户的要求。见没有得到回应，客户变得更加无理，最后干脆拒绝搬进新居，甚至投诉王建新。

面对这个局面，王建新意识到如果不积极地补救，会造成非常严重的后果。但是王建新并没有自乱阵脚，面对客户的抱怨，他暂时先忍耐下来。问题虽然严重，但没到无可救药的地步，后来，他把这一情况上报总公司。公司经分析，认为问题完全出在客户的心理上。为了稳定客户情绪，王建新与领导商量了一下，决定亲自拜访一下这位客户，向对方解释清楚。

一天，王建新和开发商的相关人员来拜访这位客户。客户反而有些诧异，十分热情地招呼他们进屋。王建新一进屋就开始向客户表达祝贺，称赞客户选择这座房子是非常明智的，并向客户讲起了当地的历史小趣闻，最后又带着客户在房子附近走了一圈，告诉他这所房子为什么与别的房子不同……而且，目前购买这些房子的人还都是社会上的名流，或有一定地位的人。

在劝解下，客户最终放弃调换的决定，一家人顺利入住新居。

面对客户的抱怨要有极大的耐心。客户对销售人员有警惕之心，或者对产品产生误解时，你作为当事人，一定不能发脾气，更不能以牙还牙，以眼还眼。无论对错，都要先忍耐下来，详细地了解客户抱怨的原因。当对这些原因有了一定的了解之后，再寻找解决问题的办法，最后达到说服客户、消除矛盾的目的。

然而，有些销售人员见客户对自己的产品有疑虑，或者排斥，就感到不满，说一些攻击性的语言，比如"你以前用过的产品有问题，并不代表我卖的产品也有问题啊！"其实，如果你站在一个消费者角度，就会发现：既然客户抱怨，就一定有他的理由，发现问题后只要以最人的诚心解决，证明自己的产品没问题，就能促使客户成交，何必要多此一举，与客户争辩呢？

（1）认同客户的"偏见"

客户有意见，销售人员千万不可正面反驳。在与客户交流的时候，为了占据主动，尽可能不与客户产生正面冲突。可采取先认同后反驳的策略，在不了解情况的前提下，对客户的抱怨、偏见表示认同，耐心听他们说完。然后，再寻机慢慢地导入自己正确的观念，循循善诱，最终双方达成共识。如果在交流的过程中客户能够最终接受你的观点并表示赞同，就说明客户在一定程度上认可了你，接受了你。即使对方暂时不接受你的观点，也为接下来进一步谈判争取到了时间。

（2）与客户达成情感上的共鸣

想要打消客户对你的戒备心，必须和他产生情感共鸣，这就要想办法让客户感到你时时刻刻在为他着想。这就像你想劝人戒烟一样，医生的话也许管用，但是如果你以一个吸烟受害者的身份去劝解也许效果更好。你们是具有相同经历的人，说话更管用，因为团体意识能够消减戒备心，起到让对方虚心听教的效果。

（3）针对产品存在的问题，进行有效地解决

如果产品确实存在缺陷和不足，客户讲明之后，就要及时采取相应的弥补措施。为了弥补产品的弱点，要进行售后服务，或者其他增值服务。比如：某公司生产的电子产品虽然没有名牌产品有名气，但也在极力打造自己的品牌，在售后服务上承诺做到免费保修五年、终身维修的原则。但值得注意的是，一定要真实地表达，不要企图欺骗客户。

> **小贴士**　在推销过程中，每个销售人员都会遇到比较挑剔、难缠的客户。此时，无论自己所推销的产品是否存在缺陷，最重要的是耐下心来，端正态度，认真听客户把话说完。只有先有耐心，才能想出更好的办法去应对，争取到客户的谅解。

1.8 给客户积极期待，避免消极心理影响客户期待

日本 大松博文

> 如果你把自己的思想隐藏起来，却想了解对方的一切，那是办不到的。自己不相信别人，也难使别人相信自己。没有关心和同情就不可能有信赖。

很多销售人员埋怨客户根本不给自己推销的机会，还没开口，就遭到了客户的坚决回绝。那么，你想过客户为什么会如此决然地拒绝吗？一个客户一天

也许能接到5个类似的推销电话，也许能遇到10个类似的推销人员，他们说的话、推销的产品，甚至穿的衣服也无太大的差异，客户能不烦吗？也就是说，你所说的话、你所推销的产品客户已经见多不怪了，即使你还没给他推销，对方已经知道你要表达什么了。

难道是客户真的不需要吗？其实不是。客户讨厌的不是你的产品，而是一波又一波的骚扰。或拜访，或电话，或其他不恰当的方式，都会招致客户的反感。有关心理学研究表明，人们对未知事务、未知的领域往往充满好奇心，有兴趣去探索。从这个角度来看，推销产品必须给予客户一个积极的期待，在推销产品之前要给对方留一点悬念，让对方感到"似乎还没完""也许有更大的收获"等等。

案例 8

美国一位保险销售人员大卫每次向客户推销时，从不直接介绍产品，而是故意卖个关子，似乎总有悬而未决的事情，给客户留一个大大的问号。

大卫："您好！索顿先生，我是大卫，今天又来打扰您了。"

索顿："哈哈，今天瞧你精神蛮好的，工作很顺利吧！"

大卫："是的，索顿先生您正在进餐啊，打扰了吧！"

索顿："不会的，进来吧！我请你吃顿饭。"

大卫："既然厚着脸皮来了，很抱歉，那么我就不客气啦！"

索顿："我希望你千万别忘记什么事情。"

大卫："其实，这次来还是为了一件重要的事情。"

索顿："什么事情？"

大卫："您先看看这套方案，是否感兴趣？"

索顿："这是一套详细的保险理财方案。你为什么给我这个？"

大卫："您是我的客户，我就有责任为您提供一切方便条件，您先了解一下，如果您同意，我会根据这套方案为您推荐一套产品。"

索顿："谢谢。"

大卫："谢谢您让我吃上如此丰盛的午餐。索顿先生，我还有一些事情要处理，明天再来拜访。"

索顿："好的，不过我随时需要你的帮助。"

大卫："只要您认可我的产品和服务，我马上为您出保单。"

这时,大卫向索顿郑重道谢,并告辞。晚上,大卫向索顿发了一封邮件,内含保单样本,并附上一份厚礼。

三天后,大卫又一次去拜访索顿,就在这一次顺利成交了。

这位销售人员为何能如此轻松地成交了,最关键的就是他不断地为客户制造悬念,先是为客户量身定做一份保险计划,后又赠送客户礼物,这些措施都在一定程度上增强了客户内心的期待。

推销是一项与人打交道的工作,在这些人中,销售人员大多数情况下都处于一个被动的地位,容易遭到对方的拒绝。作为销售人员,应积极、主动、真诚,给客户一个充满希望的期待,而不要让消极情绪影响客户,使客户丧失期待。那么,作为一个销售人员该如何做呢?可以从图1-5所示的三方面入手。

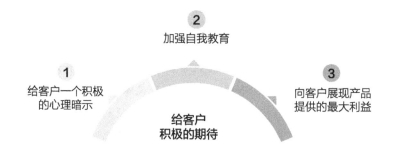

图1-5 给客户积极的期待的3种方法

(1)给客户一个积极的心理暗示

推销工作的成败与销售人员的心理状态息息相关,在面对客户的时候,要给自己一种积极的心理暗示,并且能把这种心理暗示转变为达到目标的积极行动。反之,若对自己的工作和产品缺乏自信,把推销理解为求人办事、看客户的脸色、听客户说难听话,那么,这样对方也会看轻你。

(2)加强自我教育

一开始就要给自己制定优秀的标准,而且要下定决心努力让自己的言行符合这些标准。无论何时,无论身处什么样的环境,都不要轻易改变。

（3）向客户展现产品提供的最大利益

推销产品的核心是让客户获得利益，销售人员除了坚信自己的产品能够给客户带来利益，还要让客户切实体验到这种利益带来的价值，一定要明确地让客户知道自己的产品比别人的好。

可以提炼一个或两个特定的"卖点"，即要体现出"产品的最大优点"。"人无我有，人有我优，人优我专"，通过体现自己的产品优势，规避别人的优势，来引导客户去购买。

> **小贴士** 当我们确信某种事情一定会实现时，结果往往能如愿以偿。相反，那种消极的心理预想，因其束缚压抑人心的作用力很大，结果失败的概率往往较高。

第 2 章

关键 2:
重视初次拜访,树立良好的第一印象就成功了一半

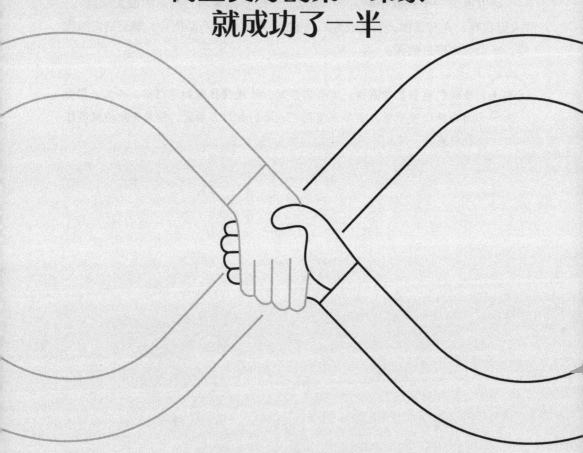

在人际交往中,第一印象是非常重要的,而且无论好坏都很难改变。销售人员每天都要与陌生客户打交道,如何在客户面前留下良好的第一印象,对以后的推销工作有着深远的意义。

2.1 巧设自我介绍，让客户马上记住你的名字

美国
戴尔·卡耐基

一个人的姓名是他自己最熟悉、最甜美、最妙不可言的声音，这就是记住对方名字的重要性。

拜访客户时，每个销售人员都需要先向客户介绍自己。自我介绍是第一次向客户展现自己的最好机会。然而，很多销售人员却因不懂得介绍技巧，无法很好地把握这次机会来展现自己。

自我介绍看似简单，实则不易，它是整个销售过程中非常重要的一个环节。介绍得好可在客户心中留下深刻的印象，为接下来的进一步沟通奠定基础。

自我介绍是推销自己的最好机会，作为销售人员也只有先把自己成功有效地推销出去，才能得到客户认可。也只有得到客户认可，才有机会进一步推销产品。所以，销售人员必须掌握自我介绍的技巧，精心设计，做足准备。

案例 1

一位销售人员去拜访某公司的董事长，不料被秘书拦在了门外。这时，这位销售人员机智地对秘书说："你可以把我的名片转交给董事长先生吗？"说完，把名片恭敬地递给秘书。

秘书来到办公室把名片交给董事长，董事长看也没看就退回来了，秘书很无奈地把名片退给站在门外的销售人员。

这位销售人员不厌其烦地说："如果董事长没有时间，我下次再来拜访，不过您还是帮我递送一下名片吧！"销售人员再次把名片递给秘书。在这位销售人员的一再请求下，秘书再次进入办公室。

这次董事长非常气愤，把名片撕成两半，丢到一旁，同时从口袋里拿出10块钱，对秘书说："10块钱买他一张名片，够了吧！去告诉他以后不要再来了。"

这一幕恰恰被站在门外的销售人员看到了，他趁机冲进办公室对董事长开玩笑地说："董事长先生，10块钱可以买2张我的名片，我还欠您一张。"

随后，又掏出一张递上去，董事长听到这样的话，拿着名片看了看，笑着说：

"你叫章玲?"

这位销售人员也非常机智,接着说:"刘总,是的,我叫章玲,章子怡的章,林志玲的玲,您可以直接叫我小玲。"

董事长示意秘书给这位销售人员搬来椅子,客气地笑笑:"那好吧,我就叫你小玲,具体说说你的来意吧!"

由于有了刚才自我介绍这段特殊的对话,双方交谈起来都很放松,直接步入正题。接下来的沟通果然融洽很多,为整个推销开了个好头。

上述案例说明,在向客户进行自我介绍时必须注意方式方法,如果按照常规的方式,一板一眼地介绍,很有可能被直接拒绝。案例中的这位销售人员机智灵敏、聪明过人,还非常幽默,通过递名片这个行为成功约见了客户,尽管没有说太多话,但足以给客户留下深刻印象,让客户瞬间记住她。这也说明,销售人员在做自我介绍时,千万不可被条条框框所束缚,自我介绍的内容、方式必须因人而异,因时而异。

当然,自我介绍也是有原则的,常见的有以下5个方面,如图2-1所示。

图2-1 销售人员自我介绍的5个原则

(1) 先递名片再做自我介绍

移动互联网时代,微信、QQ等社交工具被广泛使用,人与人相见后,通过扫二维码就可以互通各自的信息,方便快捷。递名片似乎成了一个非常多余的行为。其实,在正式的场合递名片仍不可缺少。在进行自我介绍时先递名片有3个方面的好处:第一,少说很多话,个人的职位、职务名片上面都有,不用多说;第二,加深对方印象;第三,表示谦恭。因此,要先递名片,然后再做自我介绍。

（2）介绍的语言要简洁明确

做自我介绍时，语言要简明扼要，一方面是避免耽误客户太多的时间，另一方面是让客户能在短时间内听明白你拜访的目的。有人说，成功吸引客户与你交流下去的关键在于开头的30秒。30秒的时间通常也不过是能说一两句话而已。因此这一两句话必须说到点子上，点到为止，千万不可长篇大论。否则，你还没说完就有可能被客户打断，甚至拒之门外。

（3）多强调自己的姓名

在介绍自己身份的时候，说话要有层次，分清轻重缓急，哪些内容该重点介绍，哪些内容需要一带而过，一定要提前做准备。介绍自己的姓名时要特别注意，必要的时候，为引起对方的足够注意，需要反复强调。

（4）介绍中蕴含着有价值的信息

自我介绍的重点不是把自己的身份告知客户，而是利用此机会向客户引出更多的"产品"信息。也就是说，自我介绍中要隐含着有价值的产品信息，这种信息对接下来的"产品"推销能够起到抛砖引玉的作用。如果你的自我介绍里只是简单的身份介绍，客户会认真地听下去吗？显而易见是不可能的。

例如，一位销售人员是这样自我介绍的："王经理您好，我是××公司的销售顾问××。这次来访就是向您介绍我们公司的新品，这款新品可以为您节省30%的成本。"这句话中"30%的成本"就是一条有价值的信息，接下来客户肯定会追问如何降低这些成本。

（5）制造悬念，引起客户好奇心

客户的谈话心理往往是从好奇心开始的，只有激起了客户的好奇心，才能让他们产生进一步与你交流的欲望。这一点在正式展开交流之前非常重要。因此，在自我介绍的时候，如果有机会，一定要设置悬念，以激发客户的好奇心，引起客户倾听的欲望。

比如："田经理您好，我是凯达的田燕萍，今天我特意拜访您是向您汇报一个重要事情！"这里的"重要事情"就是一个悬念，客户心中就会疑惑到底是什么重要事情。当客户问及什么事情的时候便可顺水推舟地介绍产品。

> **小贴士** 自我介绍是向客户推销自己的最佳机会，销售人员在拜访客户的时候必须意识到这一点。千万不可马马虎虎，应付过去，否则，就会给对方留下一个不好的印象，大大限制接下来的推销工作。

2.2 注重着装打扮，初次见面第一印象很重要

> **中国 郭沫若**
> 衣服是文化的表征，衣服是思想的形象。

心理学上有个著名的"首因效应"，指的是在人与人的交往过程中，第一印象往往会在对方的头脑中优先形成。第一印象在人脑中的记忆最深刻，持续时间最长，对以后的认知产生的影响最大。

心理学家还发现，第一印象主要集中在衣着上，因此，一个人的衣着打扮十分重要，尤其是给陌生人的印象往往更深刻。作为一个销售人员，每天要与陌生客户打交道，最应该懂得这个道理，在拜访客户时努力给对方留下一个良好的印象。

案例 2

小张是一名普通的工人，下岗后经人介绍为一家啤酒厂搞推销。由于以前没有任何推销经验，也不注重着装问题。第一天上班，他骑着载有十来箱啤酒的人力三轮车到各大商店、酒店、饭店进行推销。他几乎是一家一家地询问，但都被一一拒绝。原因是在这些地方都有自己的直销商供货。

后来他发现，同行几乎都穿着一样的衣服，经过询问才知道销售人员需要统一着装。第二天，他专门把自己装扮了一番，穿上银灰色西服，换上一双中性的皮鞋。他得知某大酒店啤酒需求量非常大，然而这家酒店是家高档酒店，一般的酒类推销商根本不被放在眼里，通常也很难见到老板本人。尽管如此，他还是决定前去一试，心想：老板再可怕也是人，他能把我吃了不成？

来到该大酒店的门前，他客气地向站立在两旁的保安问好，微笑地走向吧台小

姐，说明来意，吧台小姐也礼貌地接待了他，让他坐在大厅等候。

不一会儿，一位中年男子就走过来，向他详细询问了合作事宜。尽管这次仍没有成功，但客户礼貌地接待了他，与前一天相比，还是有很大进步的。这也无形中给了他巨大的动力。于是，接下来的每一天，他外出跑业务之前，都会把自己精心装扮一番，精神抖擞地去拜访每一位客户。

可见，第一印象往往能给人留下深刻的影响，你的外表、衣着，以及透露出来的那种高雅的谈吐、坚定的品格，都有助于客户对你进一步的了解。

销售是非常职业化、规范化的一个行业，在销售活动或者商业谈判中，销售人员的着装一定要符合自己的身份，既不能太随便，也不能太前卫。太随便是对客户的不尊重，而穿得过于前卫会让客户感觉你不够沉稳。所以，销售人员的着装要按照行业规则和工作性质去穿，千万不可过于随心所欲。

通常情况下，销售人员需要穿职业装。销售职业装大致分为两类：一类是工作装，通常是公司规定的，在上班时间大家都统一穿着的服装，或者印有公司标志的工装；另一类是广义上的职业装，也就是没有明确要求，只要整洁大方，能给人一种专业感觉的着装。

具体要求可按照以下5点来做。

（1）外套

在外套的选择上，西装是首选，如果确实不方便，也可以用比较正式一点的夹克类代替。总之，男士以深色西装或夹克、便装为主，避免穿浅色西装，尤其是白色西装。

女士以套裙为主，但与男士相比，款式和颜色的选择余地会稍微大一些，但也不可佩戴太多的首饰。

（2）衬衣

无论男士还是女士，外套里必须有一件衬衣，衬衣一定要与外套配套，通常以浅色为主。应选择那种比较挺拔的，尤其是领口，如果领口皱巴巴的，会给客户留下不修边幅、不讲卫生的印象。

（3）领带或领结

领带或领结是最能够彰显一个男人品位的，在颜色的选择上，最好选中性色彩。颜色的选择不能过于花哨，否则会给人留下一种轻浮、不踏实的感觉。比如，粉色的领带很可能会让客户觉得你像一个花花公子。

（4）鞋

在销售行业有一种说法："永远不要相信穿着脏皮鞋和破皮鞋的人。"这虽然是一句谚语，但充分说明了一双像样的皮鞋对销售人员多么重要。成功是从"脚"下开始的，销售人员必须注意自己的鞋子。在拜访客户时，一定要选择皮鞋，而且要时刻保持干净、锃亮。如果皮鞋出现破损要及时换掉。

（5）袜子

袜子也是个不可忽视的细节，这个小小的细节是很多销售人员不注意的。在选择袜子的时候，千万不要选择与服装色差太大的袜子，黑西服搭配白袜子在商务场合是最忌讳的打扮。

在社交场合，得体的衣着能体现出一个人的修养、素质和品位，而在营销活动中，一个人的衣着也在一定程度上反映着一个人的审美能力和购买力。所以营销人员在与各种各样的客户打交道的时候，一定要注意自己的服饰，争取给客户留下一个良好的第一印象。

对于大多数销售人员来讲，公司如果没有特殊要求，最好选择比较大方、简洁的款式。在推销过程中，男士一般选用西装或者是比较正式的夹克，女性的着装一定要体现出高雅的气质来。

2.3 改变形象先改变关系，关系近了好感自来

心态改变，态度跟着改变；态度改变，习惯跟着改变；习惯改变，性格跟着改变；性格改变，人生就跟着改变。

良好的个人关系对销售人员的销售工作有很大的促进作用，销售人员要想取得

好的业绩，必须与客户建立起良好的个人关系。个人关系是业绩的保证，业绩是由销售人员与客户关系的稳定性来决定的，因此，作为一名销售人员首先必须维护好与客户之间的关系。

在推销中，几乎每一个销售人员都曾被拒绝过，最重要的原因就是没有疏通好客户关系；还有的销售人员抱怨客户流失严重，这也是客户关系维护得不好的原因。由此可见，拉近与客户的关系对销售人员是多么的重要。

案例 3

芭比娃娃是最流行的一种儿童玩具，最早出现在美国，但最初并不被市场接受，有很多推销员在推销时都遭到客户的拒绝。

泰勒是芭比娃娃生产商的一位销售人员，当时，芭比娃娃的销售权大多数还掌握在厂家手中，为了打开市场，必须寻找中间销售商合作，把销售权交给代理商。

泰勒找到了当时美国第一大玩具代理商奥尼尔，此人很有威望，享誉美国玩具界。泰勒这样一位普通销售人员要想与这样一位大人物见上一面，必须找准时间，先亲自拜访，拉近与对方的关系。

一天，泰勒从其他客户口中得到一条消息：奥尼尔的小女儿马上就要过生日了。于是，他决定送客户女儿一个特殊的礼物：芭比娃娃。

奥尼尔的女儿收到芭比娃娃后非常喜欢。然而，奥尼尔本人却不以为意，此礼物也没有引起他足够的重视。直到有一天，他女儿说："芭比娃娃需要新衣服。"原来，芭比娃娃中附有一张说明书，每隔一段时间需要换一套衣服，而且会主动提醒主人该换衣服了，而每换一套衣服需要重新花钱买。为了满足女儿，奥尼尔不得不一次次掏腰包去专卖店买衣服。

就这样，每当女儿提出为芭比娃娃穿新衣服的要求时，奥尼尔就想起了泰勒。

然而，事情并没有完。有一天，女儿得到提示，说她的芭比喜欢上了一位英俊的"小伙子"凯恩，不想让芭比"失恋"的女儿央求父亲买回凯恩娃娃。父亲还能说什么呢？于是，奥尼尔又花了10美元买回了凯恩，与芭比"结婚"。

这时，奥尼尔似乎意识到这种玩具的市场潜力，虽然单个售价很低，但它是一只"会吃美金"的玩具，需要持续不断地买配套产品。于是他主动打电话给泰勒谈合作的事情，后来，奥尼尔果真成为美国芭比娃娃最大的代理商。

很多销售人员口苦婆心也说服不了客户，最大的原因就是没有拉近与客户的关系。在推销中，人际关系发挥着重要的作用，而在拉近与客户的关系上，最重要的一点就是亲自拜访，即使由于种种原因无法亲自拜访，也要想方设法增加交往机会。比如，在客户的生日或者一些有特殊纪念意义的日子，送上一份小小的礼物，发一条祝福短信等。这些重要的细节往往可以增加客户对你的认同感。

在推销中，销售人员应千方百计维护好与客户之间的关系，但是一定要掌握一个度，既不能太疏远，又不能过于亲近，最终达到和谐、共赢发展。

（1）防止与客户走得过近

有的销售人员与客户打交道的过程中，总是显得过于亲近，尤其是对相处时间较长的客户。因为相处时间长，销售人员可能自认为与客户关系很不错，从而会出现一厢情愿、一头热，毫无保留地把自己一切喜好、缺点、公司的一切制度，统统暴露给客户，似乎把客户当作自己的家人、亲人一样。要知道，销售人员与客户之间是有业务往来的，有了这层关系，你也必须与客户保持一定的距离。否则，客户对你和你公司的一切了如指掌，就会导致客户可能随时、随便提条件。

不要和客户走得太近，感情太深，利润会变薄，所以，对产品、对公司敏感的话题最好不要泄露给客户，比如公司的政策。与客户走得太近，销售人员可能从情感上在公司政策与客户之间倾向客户，一旦丧失原则极易致使公司利润受损。

（2）根据需求来决定与客户的距离

销售人员与客户双方的交易，为的是追求利润，也就是说，稳固的客户关系必须以销售人员与客户双方的利润为基础。销售人员要让客户感受到你时时刻刻在为其着想，与你合作可以得到更大的利润。

目前的客户不是你永远的客户。现在与你合作的客户不一定会永远与你合作，当你公司的产品不再适合他，当你公司的政策不再能满足他，他会淘汰你。同样，当目前的客户不再满足于你给出的要求，提出的条件过于苛刻时，你也会淘汰他。

销售人员要想办法把客户拉到自己的统一战线上来，但是，又不能过于亲近，必须保持一定的距离。在客户利益、个人利益和公司利益之间，获得最佳的平衡点。

2.4 行为有礼有节，在客户头脑中建立积极定位

> **英国 莎士比亚**
>
> 在宴席上最让人开胃的就是主人的礼节。

有关研究表明，礼节是一个人内在文化素养、外在精神面貌的体现，在工作、生活、交友、求职等各项社交活动中都起着重要作用。展现良好的礼节，可深深地影响着对方的言行。

销售人员可以充分地利用这种效应，争取展示给客户一种极好的形象，为以后的推销打基础。然而很多销售人员却忽略了这一点。

案例 4

一个周末的下午，温小姐和同事苏小姐一起来到公司楼下的家电卖场闲逛。因为两人都对空气加湿器非常感兴趣，所以她们径直来到了家电销售专区。

苏小姐看到一个新款空气加湿器非常喜欢，便问旁边的温小姐："你觉得那个空气加湿器放在我办公室好看吗？"

温小姐看了一下，笑着说："光看不行啊，你去问一下导购，能不能现场试一下。"于是，苏小姐叫了一声不远处的一位导购，可这位导购却在与另一位导购聊天，听到苏小姐的喊声，也只是抬头看了一下，没有应答。

苏小姐感到莫名其妙，心想：难道自己认错人，这人不是负责这块的导购？苏小姐又重复了一遍："您好，请问这个空气加湿器可以试一下吗？"

那位导购人员皱了皱眉头，不耐烦地说："那你就试一下吧，里面装了水，按一下开关按钮就行了。"苏小姐和温小姐看见导购如此态度，丢下一句话："你们这是卖东西吗？算了，不买了。"

这位导购员连最起码的销售礼节都不懂，令温小姐和苏小姐十分失望，最终致使客户放弃购买。在现实生活中，像案例中这样的销售人员不在少数。销售人员推销的不仅仅是商品，而是自己，在推销商品之前要先把自己推销出去。然而，在推

销自己时,懂礼节是一个非常重要的方面。

懂礼节的销售人员一定会获得客户的好感,在客户心目中留下好的印象。所以,懂得各种礼节,并将它们恰当地运用到工作当中去,是一名合格销售人员的必备技能。

销售礼节有多种表现形式,在不同场合,面对不同的客户,表现有所不同。那么,作为销售人员,应该注意哪些销售礼节呢?如图2-2所示。

图2-2 销售人员应该注意的销售礼节

(1) 着装方面的礼节

外貌端庄、穿戴得体是一个销售人员最基本的礼节,往往会给客户赏心悦目的感觉,让其产生继续交往的欲望。试想,谁愿意与一个头发蓬乱、衣服不整的人来往?销售人员应该注意个人的着装,本着整洁、专业的原则,力求给客户留下良好的第一印象。

(2) 交谈方面的礼节

销售的过程其实就是一个与客户不断交谈的过程,想要客户更好地接纳自己,必须注意交谈礼节。因为交谈礼节反映的不仅仅是礼貌问题,更能体现出一个销售人员更深层次的东西,比如品德、素质、修养等。懂礼节也便于向客户传递相关的产品信息,从客户那里获取购买信息。

交谈礼节主要有以下4点,如表2-1所列。

表2-1 交谈礼节及注意事项

交谈礼节	具体内容
不要随意打断客户谈话	如果客户喜欢说,就让他尽情说。因为客户说得越多,你收集到的信息就越多,对业务开展就越有利
不要轻易拒绝客户	无论客户说什么,都不要正面拒绝他。"不是""不对""应该是"这些话常被挂在嘴边,你会发现我们很多人都有这种习惯。客户还没开始说什么,就开始打断客户:"不是,不对,应该是……"客户一旦被拒绝,他就会跟你产生对立。因为,每个人都害怕被人拒绝。所以从优秀销售人员嘴里很难听到一个"不"字

续表

交谈礼节	具体内容
准备一个本子、一支笔	在与客户交谈的时候，必须要带笔记本。笔记本记录的信息对后期工作会起到至关重要的作用。另外，带笔记本还可以表示对客户的尊重，客户见你拿着笔记本，也就不敢随便乱讲。见客户时，但凡没有带笔记本，没有带笔，或者笔书写不流畅，都属于见客户之前准备工作做得不充分
告别礼节	有很多销售人员与客户结束谈话后只是简单地告别，其实这是不恰当的。告别有很多礼节，得体的告别礼节会让客户觉得"你把我当朋友，你不是纯粹来我这里谈生意的！"告别时常见的礼节通常有以下4个： ①对谈话内容给出一个正面的评价或者总结； ②如果是坐着谈话，把自己坐的凳子放回原位； ③用过的纸杯或者一切物品，如果能随身带走，最好随身带走； ④学会祝福客户，这样就会让客户感觉你跟他的关系很近

（3）肢体语言方面的礼节

人与人的沟通除了口头语言，有时候还需要肢体语言，肢体语言在人与人的沟通中起着非常重要的作用。一个脸部表情、一个手势，也会很微妙地影响双方的沟通效果。

销售人员在与客户交流的时候，常常需要依靠动作、表情来完成，如果需要运用肢体语言，一定要注意礼节，否则反而会影响谈话的顺利进行。

销售礼仪中常见的6种肢体语言及其礼节如表2-2所列。

表2-2 销售礼仪中常见的6种肢体语言及其礼节

肢体语言礼节	具体内容
握手	要根据不同的对象，采取不同的握手方式。对同性长辈，要先用右手握住对方的右手，再用左手握住对方的右手手背；对待同性同龄人、晚辈，只要伸出右手，和对方紧紧一握就可以了；对待异性，男性和女性握手只应伸出右手，握住对方的四个手指即可
手势表达	每个人在谈话的过程中都会有不同的手势，而有的手势有助于表达，有的会令人讨厌。最好不要出现指对方的手势，也不要讲话时乱挥舞拳头，这些手势都是不礼貌的，会让对方非常反感
站姿	销售工作中很多时候需要站着与客户谈业务，可许多销售员站立时不断地摇晃肩膀，不断地倒换双脚，这些动作会让客户感到你不耐烦，想尽快结束谈话，也不礼貌。正确的做法是稍息的动作，一脚稍微在前，一脚靠后为重点。要稳重，尽量不要摇头晃脑
坐姿	在拜访客户、接待客户时，坐姿是销售人员最常用的肢体语言，而有的男性坐在沙发上，两腿伸得长长的，或跷二郎腿；女性销售员穿着裙子叉开着双腿，这都是不正确的，也会让客户不舒服。男性正确的坐姿是双腿并拢，垂直于地面；女性是两小腿后屈，双膝并拢，脚尖着地

续表

肢体语言礼节	具体内容
鞠躬	有的销售员到客户公司去拜访客户,看见办公室有几个人,理都不理地坐下,也是很不礼貌的,这一点我们应该向日本人学习,向大家鞠个躬,问声"大家好!"由于你的礼貌,其他人也会帮助你拿下订单的。鞠躬的正确姿势是以臀部为轴心,将上身挺直,面带微笑,向前倾斜,倾斜的角度一般是45度和15度,目光随身体自然下垂到脚尖1.5米处
点头	许多场合需要点头,也是销售中常见的肢体语言之一。比如:在会场,在饭厅,在办公室正在谈话,可以用点头的肢体语言表示问候。点头的正确姿势是头部稍稍侧一下地点下去,不要太重,同时面带笑容

在销售中,销售人员的一言一行在客户头脑中留下的不仅仅是产品印象,还有企业形象。也就是说,销售人员扮演着企业和产品代言人的角色。因此,在与客户交往的过程中,必须规范礼节。无论能否成交,都要一如既往地对待客户。

讲究礼节是对产品、对公司负责的一种态度,是对客户的一种尊重。一个销售人员,要懂得把交际礼节适时地运用到实际推销中去,只有懂得用得体的礼仪去影响你的客户,才能更好地实现与客户的沟通。这将是你一生的财富。

2.5 说话风趣幽默,营造一个轻松的交流氛围

英国
萨克雷

诙谐幽默是人们在社交场上所穿的最漂亮的服饰。

心理学研究表明,人最强有力的工具就是精准的语言,使用精确的语言可以影响到他人的言行。你去拜访客户,客户对你也是陌生的,这会大大影响到双方的交流效果。为了消除双方的陌生感,销售人员就要主动些,讲话的时候风趣幽默一些,营造一个轻松愉快的谈话氛围。

推销是一门艺术,销售人员要懂得借助多种手法,用机智、风趣、凝练的语言进行推销。第一次见面,无论是对销售人员还是对客户来说,难免都有一点紧张和

不安。这时，如果适当地幽默一下，开一个小玩笑可以大大地缓解气氛。轻松的玩笑就像是打开销售成功之门的一把钥匙，它有很强的感染力和吸引力，能在客户会心一笑之后，消除内心对销售人员的陌生感，对商品或者服务产生好感。

案例 5

一位销售人员去拜访一位客户，谈话气氛非常单调。为了活跃一下气氛，这位销售人员故意去碰了一下窗台边的仙人掌。

"真是幸运啊！"销售人员说。

客户抬起头，忽然问："怎么了？"

"我的手被扎了一下。"

"那怎么还幸运呢？"

"幸运的是扎的是手，不是眼睛。"

再看一个例子：

一位销售人员去向一位客户推销某种产品，双方经过交流之后，对这个产品的价格发生了分歧。客户说："这个产品的单价降到100元我可以接受。"

"秦老板，你这是打劫啊！"

客户闻言一愣，笑着说："我怎么成打劫的了，抢你什么了？"

"抢我的命啊，现在这种器具的单价在市场也不过100元，您能否高抬贵手，我以最优惠价格每只120元给您？"

"行啊，但这样，我就有了被抢劫的感觉。"

推销是一门语言艺术，全靠一张嘴，如果能掌握并运用大量的语言技巧，机智、幽默、风趣地对客户进行说服，就能起到事半功倍的效果。那么，在实际操作中该如何做才能更好地掌握幽默语言的技巧呢？如图2-3所示。

图 2-3 幽默语言的表达技巧

（1）善用自嘲

面对困境，最好使用自嘲性的语言来缓解。自嘲，是一种境界，需要气度和勇气，仅凭这点客户也不会让你一人独自"幽默"。第二次世界大战接近尾声时，丘吉尔及其保守党在英国大选中意外被工党爆冷取代，丘吉尔不失洒脱地引用了一句古语："对自己的领袖无情，是一个伟大民族的特征。"这样的话，不仅产生了幽默的效果，还体现了自己的大度，为自己留有后退的台阶。

（2）巧用反话

正话反说也是幽默表达的重要方式，在特定的场合下，会收到出其不意的良好效果。比如，某位电扇售货员在面对客户的挑三拣四时说："这电扇确实有点毛病，花那么多钱买到一件不如意的东西真是不划算！"客户一听，反而不好再说什么了，有不满意的话也觉得没必要说出口了。接着，这位售货员又趁机安慰说："幸好电扇的价格比较便宜，它比空调要省电多了。"多采用这种轻松的语言，客户更容易接受。

（3）就地取材

洞察力和观察力是幽默的重要方面，因为很多时候幽默需要就地取材，比如，案例5中看到客户办公室窗台边的仙人掌从而萌生的一席幽默之语。在日常交流中，类似的场景很多，需要细心观察，认真体会。只要有了敏锐的洞察力，就能捕捉更多信息，获得更多的素材，然后以恰当的比喻、诙谐的语言表达出来。

（4）逆向思维

一般客户通常都会顺着"常理"去思考，但是如果把结果转移到一个"意想不到"的焦点上，便会让他们产生"有趣"的感觉，从而对你的产品或服务产生好感，诱发购买动机，促使交易迅速达成。

拜访客户时，客户对你是陌生的，这会大大影响到双方的交流效果。为了消除双方的陌生感，销售人员要主动些，讲话的时候风趣幽默一些，营造一个轻松愉快的谈话氛围。在实际销售中，一定要注意把握幽默的尺度与分寸，不要故作幽默，否则会得不偿失。

> **小贴士** 幽默风趣的语言，是打开销售成功之门的一把钥匙，其独有的感染力、吸引力能使得客户在会心一笑之后，消除内心的陌生感和厌烦情绪，从而对产品、对销售人员另眼相看。

2.6 开场白要灵活，避免陷入固化思维中

> **苏联 高尔基**
> 最难的是开场白，就是第一句话，如同在音乐上一样，全曲的音调都是它给予的，平常却又得花好长时间去寻找。

很多销售人员在推销前都会精心准备一番开场白，提前准备好话术。这样虽然可以应付一些场面，但势必会失去灵活性。做销售不需要固定的说辞，试想，一个客户一天如果接到5个销售人员的电话，说辞千篇一律，怎么能不烦呢？雷同的说辞很难给客户留下深刻的印象，即使你所推销的产品再好、优势再多，如果不能以一套良好的说辞表现出来，客户也是不会感兴趣的。所以，对不同类型的客户，要采用不同的说辞，让客户立刻记住你。

案例 6

曾有一位销售人员，每天都在大街上推销自己的布匹，为了证明布匹的质量，他当众用打火机烧布。他依靠这种方法屡试不败，从而获得了很多客户的认可。

一天，却出现了意外，他在烧布时，布被烧焦了。这种现象以前是没有出现过的，这时，围观的人有的开始摇头，有的议论纷纷。对于这一突发情况，他没有慌乱，他立刻镇定了下来，机智地话锋一转，说："在烧的情况下，质量次的布匹都会发生这样状况，以后遇到这样的布匹，你们绝不要买。"如此一来，围观的群众又恢复了平静。

话术灵活多变，这个销售人员灵活地处理了突发事件，摆脱了尴尬局面，更为重要的是他给客户留下深刻的印象，让客户永远记住了他以及他推销的布匹。固定的话术应对常规的推销也许绰绰有余，但客观环境一变，必然无法达到应有的效果。

要知道，一套真正有效的说辞不是如此简单，它还需要销售人员结合当时的情况而做必要的改变。就像案例中这位销售人员，在出现突发情况后，眼看就要露馅，马上转变思维。说辞要具有自己的特点，针对每一场推销、每一个客户，都要学会根据当时的实际情况，适时地、灵活地做出调整，只有这样才能打动客户，吸引客户购买。

在推销中，怎样的开场白才能瞬间吸引客户的交谈兴趣呢？可以按照以下3点原则进行，如图2-4所示。

图 2-4 开场白吸引客户交谈兴趣的 3 个原则

（1）不落俗套，以激发客户听下去的欲望

人在交流的初始阶段，注意力往往比较集中，听第一句话比听第二句话和下面的话要认真得多。因此，第一句话十分重要，说得好就有可能激发对方继续听下去的欲望，反之，就会让这场谈话索然无味。

在与客户交流的过程中，第一句话说得如何，直接决定着最终结果。因为绝大部分客户在听完你的第一句话之后，就会对这场谈话下定论，在心中产生一个想法，是尽快把你打发走，还是准备继续谈下去。因此，你说的第一句话务必要做到与众不同、不落俗套，目的是激发客户继续听下去的欲望。

（2）有利于营造一个轻松自然的交流气氛

第一句话要有利于营造一个轻松自然的交流气氛，谁都喜欢一个宽松的交流环境，因为人在轻松和谐的气氛中，更容易听取不同意见。高明的谈判者往往都是从中心议题之外开始，逐步引入正题，比如什么天文地理、逸闻趣事。对方喜欢什么，我们就聊什么，让对方把紧绷的神经放松下来。轻松和谐的交流气氛，能够拉近双方的距离。切入正题之后就容易找到共同的语言，化解双方的分歧或矛盾。在套近乎的同时，高明的谈判者会随着话题的不断深入，采取挤牙膏的方法，顺顺当当地使对方做出一个又一个的承诺，直到满足自己的需求为止。

（3）讲究专业性，以增强说服力

销售人员在说开场白时一定要体现出专业性，不仅仅要把产品的各种属性，如功能、价格、配置以及与竞争对手的产品相比的优势等常规的谈话内容都搞清楚，而且还要把握整体市场。在客户面前，如果你能把产品在当前市场环境中存在的必要性做一个专业的分析，一定程度上更容易打动客户，让客户感觉到你以及你公司的专业性和规范化。

然而，很多销售人员却忽略了这部分工作，他们把大量的精力放在产品介绍上。其实，每一个客户在自己从事的领域中都是专家，这个时候你必须表现出你的专业性，这是接下来交流的基础。只有在对整个市场有了整体把握以后，才能够在跟客户交流的时候与对方产生共鸣。

> **小贴士** 为吸引客户的注意力，销售人员在谈话之初必须先说一些新颖、有创造性的开场白，而且要根据当时具体情况适当地做出改变。只有这样才能与客户继续交流下去，才能引导客户根据自己的思维进行谈话。

2.7 微笑是沟通之本，用你的笑容感染客户

瑞士
卡尔·施皮特勒

微笑乃是具有多重意义的语言。

微笑是世界上最美的语言，笑带给人的积极、美好的心理体验，正好迎合了人们追求快乐、向往自然之美的心理。大多数人都知道，陌生人见面相互微笑是出于礼节，却很少人知道这还是一种心理需求。任何行业，微笑都是每个员工的必修课。不懂得利用微笑实在是很不幸的，然而，在销售队伍中就是有如此多的不幸

者。他们不会微笑，不懂微笑，或者错误地微笑，致使失去了客户。

微笑，这个不花一分钱，不费太多精力就可以拥有的推销之术，比任何技能都实用得多。

微笑在商业活动中如此重要，作为一名销售人员不应该忽视这一点。比如，在与客户交流的过程中，经常会遇到一些尴尬的局面，为了使气氛变得融洽，不妨向对方笑一笑，很多时候往往能一笑而过。

案例 7

一位商人准备订购船只，他走到一位销售人员前面，用平淡的口气说："你们这儿有价值5000万美元的船只吗？"这对于任何销售人员来说，都是求之不得的事情，有的人也许一年也不会遇到这么大方的客户。但是这位销售人员听了这句话之后，显得万分吃惊，看着这个大客户，以为他在说疯话。他想，如果无法成交反而会浪费他的时间。因此，这位销售人员表现出一副不屑的表情，脸上没有一丝微笑。这位商人看着销售人员冷冰冰的脸，转身走开了。

他走到另一位销售人员面前，说了同样的话："给我预订一艘价值5000万美元的船只。"这位销售人员同样显得很吃惊，唯一不同的是，他面带微笑，提供了热情的服务。他爽快地说："没问题，虽然我们没有您要的价位的船只，但我会向您详细介绍我们的产品，直到您满意为止。"

最终，这位商人在第二位销售人员那里预订了三艘价值2000万美元的船只。他对这位销售人员说："在这里，你是唯一让我感到我是受欢迎的人。你的微笑就像太阳一样灿烂，让我有了宾至如归的温暖感觉。"这位商人没有食言，第二天他带来了支票，一笔巨额交易就这样完成了。

案例中这两位销售人员，一个成功，一个失败，仅仅因为一个人会笑，一个人不会笑。有时候，客户在意的并不是你的产品，而是你随机应变的态度。第二位销售人员发现产品不能满足客户的要求时，用一个轻轻的微笑表示歉意。客户也从这个歉意中看到了他的真诚，无形中接受了他的意见。

微笑作为一种交流工具，与日常生活中的笑是不同的，并不是心中有笑意就可以马上展示出来。当然，笑意应发自内心，除此之外，还需要反复练习。没有经过训练的微笑是不合格的。嘴角是微笑时最关键的部位，嘴角掌控得好，笑起来就和谐多了，整体表情要让人看了非常舒服，因此，练习微笑首先需要增强嘴部肌肉的弹性。

微笑的训练可以按照以下步骤进行，如图2-5所示。

第一步
嘴唇周围的肌肉彻底放松，按照"音符法"，从低音到高音，一个音一个音地发，每个音都要大声、清楚地喊出来，在读的时候中间要有短暂的间隔。

第二步
嘴最大限度地伸张，伸张的程度必须以能感觉到颚骨部位不断地受到刺激为准，这样姿势每次保持10秒，这一动作反复进行3次。

第三步
在第二步的基础上慢慢地聚拢，圆圆地卷起嘴唇直到重新聚拢在一起时为止，保持10秒，聚拢嘴唇这一动作反复进行3次。

第四步
闭嘴后，嘴角先向两侧拉紧，使嘴唇再紧抿起来，嘴角尽量向两边翘起（幅度是以门牙轻轻地咬住木筷子为准），使连接嘴唇两端的线与木筷子在同一水平线上，并保持10秒。

图2-5 微笑训练步骤

除上述方法之外，学习微笑还可运用表情进行配合，我们常说"眉开眼笑""眉飞色舞"，这说明动人的微笑要辅以丰富的脸部表情，脸部表情越丰富，越能凸显出微笑的效果。善用表情的一个关键部位是眼睛，比如，微笑的同时，眼神要炽热，目光要坚定，等等。这样才能笑得迷人，笑得优雅。眼睛是心灵的窗户，善用眼睛的神采、感性和丰韵，会让你平添几分魅力。

微笑离不开眼睛，同样也离不开面容，有的人在微笑时面无表情，看上去就很僵硬，难免会给对方留下假惺惺的感觉。善用表情，还包括纠正、去掉不好的、怪异的表情，比如，不停地眨眼睛、皱眉毛、翻眼珠等。

微笑在社交中发挥着极大的作用，无论面对熟悉的客户还是陌生客户，只要你不吝微笑，立刻就会收到意想不到的良好效果。所以，一位优秀的销售人员必须学会用专业的微笑去影响对方，以便得到更好的交流效果。

> **小贴士** 微笑可以拉近人与人之间的距离，表达尊敬、礼貌和感谢。因此，微笑在社交中被当作一种交流工具，学会微笑会使人与人之间相处更加和谐。在商场上，只要善于运用润物细无声的微笑，不怕金石不开。

2.8 始终如一讲诚信，让客户觉得你很可靠

日本 松下幸之助

> 诚信既是无形的力量，也是无形的财富。

早在几千年前，孔子即说过"无信不立"，言下之意是，不讲诚信的人很难在社会上立足。尤其是在当代社会，什么都需要自我推销。对于销售人员来说，什么才是最重要的资本？是诚信！必须以诚待人，只有你讲诚信，别人才会以诚相报。因此，在销售领域，诚信的地位更加不可动摇。

每个人都喜欢与讲诚信的人打交道，拥有诚信你就拥有了对方的信任。在销售工作中，销售人员更要讲诚信，因为你的诚信深深地影响着客户，你讲诚信，客户才能尊重你，你讲诚信，客户才能与你达成长期的合作伙伴关系，让客户变成朋友也就有了更多的机会。

案例 8

一位男士走进一家汽车维修店，自称是某运输公司的汽车司机，请求店主多开一些发票，目的是回公司报销，并明确表示可以给店主一点好处，店主却毫不犹豫地拒绝了。

客户说："师傅，您能不能在我的账单上多写点零件，我回公司报销后，有你一份好处。"

店主拒绝了这样的要求。

客户又说："我的生意很大的，以后经常会有这样的机会，你肯定能赚很多钱的！"

这位客户继续纠缠着，这位店主却坚决地告诉他，这事无论如何他也不会做。

客户讽刺道："你真是太傻了，外面很多人都会这么干的。"

店主生气了，他让那位客户马上离开，不做他的生意了。

见店主真的生气了，这时，客户居然露出微笑，满怀敬佩地握住店主的手说："我一直在寻找一个固定的、信得过的维修店，你还让我到哪里去谈这笔生意呢？"

店主一愣，感到非常诧异。原来，这位客户正是市内一家最大的运输公司的董

事长，由于长途运输车经常出问题，需要经常维修，为了找到一个信得过的维修厂，他决定亲自寻找合作商，专门负责自己公司的汽车维修业务。最终他把公司所有的维修业务全委托给了这家维修店。

案例中的这位店主身上有一种最珍贵的品格：诚信。面对诱惑，不为所动，正是这种诚信感动了客户，最终获得了客户的信任，并得到一笔大订单。也许，现实生活中这样的机遇不多，但是至少表明一个问题：谁都愿意与讲诚信的人做生意。

诚信虽然看不见摸不着，但却是最重要的，然而很多销售人员却意识不到这一点，常有"宰客户"的想法。他们通常不为长远利益着想，尤其是遇到那些大客户，只希望在他们身上狠狠赚上一笔。诚然，"宰客户一顿"也许暂时获得可观的利润，但是，要知道失去的远远比获得的多得多，因为销售工作的最大资本——诚信已丧失了。

客户信赖你，才会追随你，才会愿意购买你的产品。你在客户面前失去诚信，就等于失去了一个保障，时间久了，谁还愿意与你交往做生意呢！那么，在实际工作中，又该如何做到诚实守信呢？可以从以下两个方面入手。

（1）实事求是地介绍产品

销售人员在向客户介绍产品的时候，往往都喜欢最大限度地突出产品亮点，以更多的优势来博取客户眼球。为促进销售，突出介绍产品优点是无可厚非的，但是，很多销售人员却夸大其词，偏离了事实，为了抓住客户的眼球，不惜不讲诚信，随意夸大自己的服务和产品优势，而对缺点则故意隐瞒。

很多销售人员自以为做得天衣无缝，殊不知，聪明反被聪明误。世界上没有完美的事物，如果一味地把产品描述得十分完美、毫无瑕疵，即使说得天花乱坠，也很难取信于客户。只要客户抓到你言过其实的把柄，那么这场生意基本就结束了。

（2）答应客户的承诺一定要兑现

通常，不同的客户有不同的需求，销售人员所推销的产品不可能满足每位客户的需求，但为了迎合客户需求，很多销售人员却随便向客户做出承诺，但又不能很好地履行，以致让客户的期望落空。这是最令客户无法接受的事情，最终会导致客户对你产生不信任感。这时，你在客户心中的诚信度也会随之下降。

随意向客户做出承诺，却无法履行，是一种不负责任的表现。对于一个销售人员来讲，不可随便向客户做出承诺，在做出承诺之前，应该谨慎。自己能做到的就承诺，做了承诺就要尽快履行。做不到的，多余的话则不要随便说，因为一旦你做出了承诺，客户会记住你说过的每句话。

小贴士 销售人员要与客户建立长久的诚信关系，千万不要有"宰客户"的想法。作为销售人员，只有足够诚信才留得住客户，也只有足够诚信才能让客户感到放心。

2.9 以情感为纽带，先谈情感再谈合同

美国 洛克菲勒

> 在业务的基础上建立的友谊，胜过在友谊的基础上建立的业务。

情感是维系人与人之间关系的纽带，良好的人际关系，双方势必注入了很多情感，否则就不会长久。因此，在人与人的交往中必须倾注情感，在推销中同样如此，你对客户投入的情感直接影响着你们的关系。

对客户情感的投入往往需要从初次拜访就开始，很多销售人员在与客户初次见面时便善于利用情感叩开客户的心扉。也正因此，他们往往非常容易取得客户的信赖，让客户瞬间喜欢上他们、接受他们。即使达不成交易，买卖不成仁义在，也可以成为朋友。

案例 9

一位保险销售人员经人介绍认识了新客户田先生。第二天，他决定去拜访这位客户。

销售人员："您好，田先生，我是××保险公司的秦凯，在您的朋友××的推荐之下，听说您是个十分善于交朋友的人。他跟我提到了您，我觉得你们都相当够朋友，我希望有机会与您见个面。"

客户："您太客气了！我和××是很好的朋友，不过您一定是想向我推销保险的吧?"

销售人员:"您误会了,我只想跟您认识认识。昨晚您的朋友在谈到您的时候,充满了对您的尊敬和敬佩。中午,我们吃个饭怎么样?"

客户:"您别这样跟我套近乎,我不需要任何产品。"

销售人员:"这样吧,我保证不谈产品可以吧。您的朋友觉得我们两个人应该认识,他说我们一定会谈得很投机。"

客户:"是吗?"

销售人员:"田先生,也许您不知道,我也是一个非常喜欢交朋友的人,并不是销售人员所交的朋友都是买产品的客户啊。我们认识认识,如果您觉得我这个人值得交,我们可以做个朋友嘛。"

客户:"哦,但是我很忙啊。"

销售人员:"没关系,我们在这个周末见个面就行。您看周六合适还是周日合适呢?"

客户:"周六比较好一点。"

销售人员:"那就这么约定了。"

客户一听对方是推销保险的,便不由分说地拒绝了。案例中的销售人员以"朋友"的身份出现,从而让客户的态度有所改变,其成功之处就是巧妙地运用了情感纽带,把两个不相识的人联系在了一起。

为什么有的销售人员很容易取得客户信赖?就在于他们建立了"情感"的纽带。当客户对你产生信赖之后,接受起来自然也就容易得多了。所以,销售人员初次拜访客户,是否能很快地与客户建立起情感上的共鸣,将会直接关系到接下来的推销。

那么,如何建立情感上的共鸣呢?具体方法如图2-6所示。

图2-6 初次拜访与客户建立情感共鸣的方法

(1) 与客户做朋友

与客户先做朋友，再谈推销是赢得客户最具有功效的秘诀。初次与客户见面接触，很多人本来持不信任你的态度，绝不可摆出做生意的姿态，与客户做朋友是接近新客户的一种重要的方法。如果你言语中表现得十分诚恳，努力地感化他，尽量试着与他们做朋友，从关怀出发，让客户感觉到你的真诚。这样对方才会最终放下心理戒备，真正地接受你。

(2) 关心客户的家人

亲情是人情感世界中最重要的一部分，推销中，如果能把客户对家人的爱、对家的挂念等亲情成分调动起来，就很容易打动他们。在推销过程中，找到客户的情感诉求点，能赋予冷冰冰的产品一种人性化的特点。先看一个小事例：

美国贝尔公司推销自己生产的电话机时曾有一则经典的亲情广告：

一天傍晚时分，一对老夫妇正在进餐，这时电话铃声突然响起，老太太去接电话。此后她回到餐桌上，老先生问："是谁来的电话？"

老太太回答："是女儿打来的。"

老先生惊奇地问："有什么事吗？"

老太太说："没有。"

老先生又问："没事还用得着几十里专门打电话？"说完摇摇头继续吃饭，这时，老太太却开始呜咽起来："她说她爱我们！"

两位老人相对无言，激动不已。这时，打出来一条广告："用电话传递你的爱吧！"

贝尔电话公司这样一则推销广告的巧妙之处在于，向客户传递了一个安宁、和谐的家庭场景，激发了客户内心最柔软的部分，带给人一种澎湃的爱的思潮。看到这个广告的人，都不禁要考虑买部电话。

(3) 把情感渗入谈话中

利用情感来激发客户的购买欲望是一个百试不爽的方法。在商场中，我们经常可以看到商家打出"情侣装""亲子装"等口号，一个商品往往是成双成对地出现，这就是成功地运用了情感这一点。比如，你在向一对情侣推销一款衣服的时候，就可以向他们描述产品代表的永恒爱情。两个真心相爱的人身穿情侣服装，不仅可以传达出两个人的恩爱，通过爱情的演绎还赋予了商品浓浓的情意。

> **小贴士**　推销产品是销售人员的第一目标，但是在与客户初次见面时，千万不可直接推销产品。因为在大多数陌生客户看来，对销售人员都有一种本能的拒绝。要想让客户进一步接受你，首先要借助各种"情感"去影响客户。

2.10 学会"送人情"，让客户产生偿还之心

> **佚名**　按照我们的道德体系，如果接受了别人的礼物之后我们就需要回礼，而回礼的大小则不取决于对方送礼的大小。

对于大部分人来讲，一旦接受了他人的某种帮助，或者接受了某人的礼物，在心理上就会有一种"欠一个人情"的想法，而且他们会想着如何清偿这笔"人情债"。否则，一天"不还"，心里面就会有一种无形的压力，这就是心理学上的"偿还心理"。

在销售中也一样，销售人员同样可以利用人的这种"偿还心理"来给客户施压，影响客户的购买决定。比如，首先为客户提供一些帮助，或者送一些小礼物，满足客户"获利"的心理。当对方因不好意思拒绝时才去推销，这样成功的机会大大增加了。

按照人的这种心理，在推销时，销售人员就可以通过一些巧妙的方法，在产品本身价值不变的情形下，合理地提升产品的无形价值，如果能激发起客户强烈的"偿还""回报"之心，那么所获得的回报也会高许多。

案例10

一对年轻夫妇去超市购买孕妇用品，走进商场后，商场促销员跟他们聊了很久，尽管他们有些不情愿，但在促销员的软磨硬泡下，夫妻俩还是留了手机号。当时促销员还做出承诺，孩子出生后会送给他们一些婴幼儿用品。

孩子出生不久，他们陆续收到免费试用的婴儿用品，以及小包装奶粉。夫

妇俩一开始非常惊讶，是谁送的呢？后来才得知，原来是自己曾经去过的那家商场，商场对光顾过的客户都有详细的记录。因此，孩子出生后，商场就及时送上了一份礼物。

从此，这家人便成了该商场的固定客户。

从这个案例中，我们看到这家商场通过赠送婴幼儿用品赢得了客户的心，使原本再正常不过的利益往来充满了人情关怀，使客户心理上产生自动回报之心。可能有人觉得不可思议，这样一个偌大的商场如何能一一兼顾到每位客户？然而，正是这份细心关怀感动了客户，留住了很多回头客。

销售是通过一系列的推销活动，将人们的某种需求、欲望转化为实际购买行动的行为，没有情感的支持，任何推销技巧都会失色。在推销活动中，很多销售人员正是缺乏对客户的情感关注，才使得客户大量流失。

那么，对于销售人员来讲，如何利用人情术留住客户呢？可以从以下3个方面入手。

（1）根据客户需求"送人情"

人情术的关键在于找到客户的需求，在运用这种策略之前，必须明确客户的需求在哪里，然后，根据需求适时提供帮助，或者其他恩惠。只有这样，客户在接受你的恩惠时才不会有所顾虑。因为的确有所需求，就会在内心说服自己去接受。

（2）寻找客户的人情诉求点

在生活中，很多人都有过这样的经历，即由于接受了别人的某种帮助或者付出，在无法回报或者暂时没有回报能力的时候，从而产生某种压力。如果真是这样的话，你向客户提供帮助或者赠送礼物过于贵重，对方反而会有一种警惕心理。要知道，客户之所以决定购买一个产品或享受一项服务，一定会倾注自己的某些感情需求。所以，在推销的时候，必须找准客户感情需求的某一情感诉求点，从而以此来激发对方的需求。否则，在你的压力之下，大多数客户都会产生一种条件反射的惯性行为，即对于别人的免费帮助报之以一种警惕的心理。

（3）人情不能超越客户的承受范围

在与客户交往的过程中，建立"人情"是如此的重要，所以，大多数的销售人员都会在与客户接触的过程中使用此技巧。然而，这种策略并不是没有弊端，要知道，做任何事情都需要成本，而送人情在这方面是一个比较突出的问题。送人情是讲究成本的，也就是说，你的付出与收获不一定成正比，有时候是得不偿失的。如果真是这样，那么销售行为显然是不可取的。即使这样，想要感动客户首先必须付出较大的成本。对于销售人员来讲，如何有效地控制送人情的成本，以达到最佳的效果是非常重要的。

> **小贴士** 通过送人情，让客户产生"偿还"的心理，这种方式增加了客户的"背负"心理，可以有效地促进销售。这是一种心理战术，销售人员在推销过程中，要有意无意地使用这一技巧，以最大限度地实现目标。

第 3 章

关键 3：
培养客户认同，
欲卖产品首先让客户
接受你

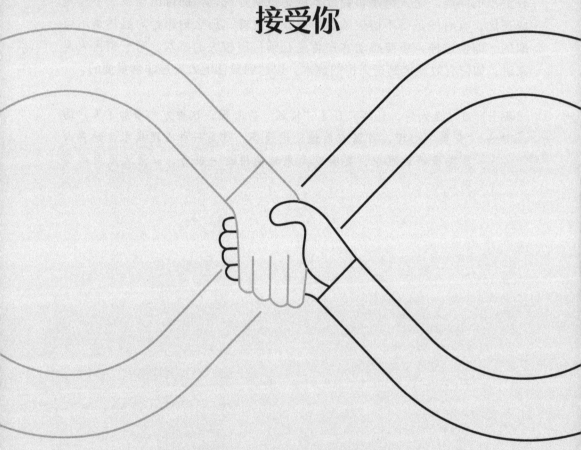

销售人员在推销中面临的最大难题就是不被客户认同。而要想获得客户认同，就要培养客户，与客户慢慢建立感情，让客户在不知不觉中喜欢上你。但是，如何去培养呢？这就需要每个销售人员掌握与客户相处的技巧。

3.1 先打一场情报战，知己知彼方可自如应对

英国　杜雷顿·勃德

你对别人有所了解，你才能更好地去营销，你对客户的了解要比你对自己产品的了解还重要。

战争中讲究"知己知彼，百战不殆"，意思是如果对敌我双方的情况都能了解透彻，打起仗来就会百战百胜。销售工作也是如此，要想更快更轻松地将产品推销给客户，就必须先对客户有充分了解。

对客户的充分了解是建立在情报搜集的基础上的。因此，在向客户推销产品前，有必要搜集一些客户情报，这对以后的销售工作非常重要。假如对于客户的情况了解不够，就很难向其展开推销，更别说让其购买产品了。

案例 1

于小姐是一位销售人员，在一个偶然的机会，她看到一辆别克轿车停在了一座大厦前。她停了下来，看到车的后座上坐着一位头发斑白的老人，正闭目养神，颇有气派。就在这一瞬间，于小姐的潜意识告诉自己：机会来了。经过调查，于小姐知道这位老人是某公司董事长。

之后，于小姐便对这位董事长以及他的公司有了更多关注，并对其进行了全面调查。一段时间之后，她了解到：这位老人是福建人，长期在北京做生意，其公司以经销化妆品为主，规模虽然不大，但纪律严明，公司上下都充满了朝气与活力。董事长本人为人和蔼，说话幽默风趣。调查完毕之后，对客户有了一定的了解，她就开始着手拜访。由于早已知道该董事长的下班时间，所以，她选定在客户的公司大门口等候。

下午5点，公司的员工陆续地走出大门，每个人都服装整齐、精神抖擞，在门口挥手互道再见。6点半，一辆黑色轿车驶到该公司大门前，她发现这正是董事长的专车。很快，董事长打开公司大门，走了出来。于小姐终于找到了与该董事长见面的机会。

客户非常惊讶于小姐对自己的了解，对于小姐的话也很感兴趣。由于准备充

分,于小姐很快就与客户攀谈起来,接下来的事自然就顺理成章,于小姐向客户介绍了自己的产品。在两次拜访后,最终双方成交了一笔订单。

案例中于小姐在"情报搜集"方面做得不错。正是因为对客户提前有了一个全面的了解,她才能在极短的时间内与客户交流时引起客户的注意,赢得客户的好感和认同。

销售人员在开展业务前,必须清楚客户的需求在哪里,需求有多大,是否有什么特殊需求,用什么方式来满足客户的需求,等等。

只有分析客户的情报,对客户有了明确的了解之后,才能制订出具有针对性的销售方案,从而挖掘客户的真正需求。那么,销售人员应该了解客户的哪些情报呢?可从以下3个方面入手,如图3-1所示。

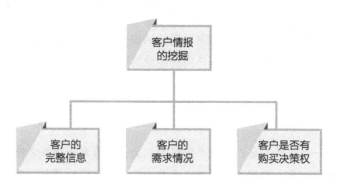

图 3-1 客户情报的挖掘

(1) 客户的完整信息

完整的客户信息不仅能有效地支持销售员开展工作,还能伴随业务规则的建立,使销售员逐步进行深入挖掘,并不断完善客户信息,形成良性循环。对客户的情况了解得越透彻,销售员的工作就越容易开展,也越容易获得事半功倍的效果。

客户信息主要包括基本信息和详细信息两种。

①基本信息。客户的基本信息包括个人信息、联系人信息、来源信息、业务信息、价值信息以及交往信息等,具体如表3-1所列。

表 3-1 客户基本信息的类型

信息类型	具体信息
个人信息	姓名、性别、年龄、地址、电话、传真、电子邮件等
联系人信息	姓名、性别、年龄、爱好、职务、友好程度、决策关系等
来源信息	市场活动、广告影响、业务人员开发、合作伙伴开发、老客户推荐等
业务信息	所属行业、需求信息、价格信息、客户调查问卷等
价值信息	客户信用信息、价值分类信息、价值状况信息等
交往信息	交往记录、交易历史、服务历史等

②详细信息。收集客户信息，不仅要收集基本信息，还要收集客户的详细信息。熟悉了这些，才能在与客户交谈时有的放矢。客户的详细信息主要包括家庭背景信息、学历或职业经历信息、兴趣爱好信息以及特定信息，具体如表3-2所列。

表 3-2 客户详细信息的类型

信息类型	具体信息
家庭背景信息	家庭环境、家庭教育、家庭成员、家庭经济情况等
学历信息	最高学历、毕业院校、受教育经历以及特殊的求学生涯等
职业经历	职业、职位以及所从事的工作性质等
兴趣爱好信息	客户有哪些爱好，最感兴趣的事情是什么等
特定信息	这部分信息与客户自身的特殊情况有关，比如，对于少数民族客户就需要了解他的民族信息；对于军人客户就需要了解他的军衔等

（2）客户的需求情况

客户需求是推销商品的最大动力，不了解客户需求就很难做好推销工作。很多销售人员都多次拜访客户未果，不但无法实现推销的目的，反而会浪费大量的时间，究其原因就是没有抓住客户需求。为了减少无效沟通，在推销前，销售人员必须花费大精力去挖掘客户痛点需求，在了解痛点需求的基础上，有目的、有计划地进行推销。

①痛点需求。满足用户需求就是消除痛点，痛点(pain point)，顾名思义是痛苦的点。痛点是发现需求的第一步，只有找准痛点才能发现客户的迫切需求。痛点需求就是，当用户在因使用产品或服务时引发抱怨、不满或让其感到痛苦而产生的需求。考察客户的痛点需求，重点包括两点：第一，客户是否真的有这方面的需求；第二，客户的需求量是多少。根据这两点，就能分辨出哪些是真正有需求的目标客

户,哪些是非目标客户。

第一方面通常包括以下几个问题:客户对产品的了解程度,是业内人士还是普通消费者;客户的需求情况,是自己购买还是帮其他人购买;客户的消费档次,是高档还是中低档;客户所需产品的规格和技术指标。

一旦认定客户有这方面的需求后,销售人员就应该侧重了解第二个方面:客户的需求量有多大。只有对客户需求量的多少进行正确的评估之后,才方便采取更为恰当的沟通策略。如果客户的需求量比较大,可以在报价方面做出调整;如果客户的需求量很小,就要认真考虑自己付出的各项成本之间的关系了。

②特殊需求。在购买产品的过程中,除了痛点需求之外,还会提出额外特殊需求。如果这些特殊需求在销售人员承受范围之内的话,一定要抓住机会,进一步探询客户对产品的具体期望。这样,能发现客户心中那些不太明显的需求,引导得当还会激发新需求。

如果客户特别强调的某些需求你不能满足,那就应该采取其他方式,比如向客户推荐其他同类产品,或者说服客户放弃某些需求或降低某些要求。总之,销售人员千万不可对客户的特殊需求置之不理,视而不见。

(3) 客户是否有购买决策权

在确定客户有明确的需求之后,另一个问题必须确定下来,那就是客户是否有最终的购买决策权。这一点非常重要,很多有需求的客户,对产品也十分满意,有明确的购买意向,可就是没有拍板的权限。所以,了解目标客户是否有购买决策权是不可忽视的一个内容,当确定目标客户确实有购买决策权时,销售人员就可以把话题引向实质性推销上去。否则,就应该重新决策,应想办法找到真正具有购买决策权的人,然后再寻找合适的时机进行沟通。

在向客户推销之前,一定要对客户的内心需求有所了解。这样做的好处是除了保证销售人员对客户有足够的了解,还有利于及时甄别客户类别,以便更快地调整应对策略。分析客户的需求在整个销售活动中具有十分重要的作用。

> **小贴士** 所谓客户情报包括客户信息、客户需求以及购买力等。事实上,很多销售人员对此有误解,片面地理解客户情报就是客户信息。与客户打交道就像打一场仗,需要提前了解对方的情报。只有掌握了充足的客户情报,才能更好地进行销售。

3.2 巧妙提问，发现客户最真实的想法

英国 弗朗西斯·培根

谨慎的提问等于获得了一半的智慧。

销售人员在与客户沟通时，要学会巧妙提问。提问需要技巧，同样是提问，有的销售人员能从中了解到很多信息，顺利实现推销；而有的销售人员不但无法实现有效的沟通，反而惹恼了客户。

销售中的提问是一个技巧活儿，包括问题的设置、提问的方式以及时机等。优秀的销售人员都懂得提问的技巧。

案例 2

陈明利在新加坡被誉为保险皇后，甚至在整个东南亚都是赫赫有名的。她最大的秘诀就是拥有高超的发问技巧。

在一次保险业行销论坛上，她在主持人的热情邀请下，要当场假设，再现一段推销情景对话。就这样，在没有任何准备的情况下，她与主持人展开了一段精妙的对话。

陈明利仍以一位保险销售人员的形象出现，主持人被假设为客户比尔·盖茨。

陈明利："比尔先生，我知道您是全世界最有钱的人，您的钱几代人都花不完，您知道为什么您这么成功吗？"

主持人："会赚钱。"

陈明利："没错，您不但会赚钱，我听说您还是全世界最具有爱心的人，可是您是不是也承认，生意有起有落，您也经历过一些风浪，经历过一些低潮，是吗？"

主持人："对。"

陈明利："那么当您经历低潮的时候，您有没有想过，您对这个世界的爱心还是希望能够继续做下去？"

主持人："是。"

陈明利："不管您这个人在不在，是不是？"

主持人:"对。"

陈明利:"那么,如果比尔先生,我能够提供给您一个计划,就是说您不用掏自己口袋的钱,而且即使您不在了,也会有很多穷人因为您得到帮助。您愿意听听吗?"

主持人:"当然。"

陈明利:"那么,比尔先生,您觉得做慈善应该用多少钱才够?"

主持人:"我资产的一半。"

陈明利:"资产的一半,非常好。那比尔先生,现在我这个情况就是,您只要投保一份您资产一半的保额的保险,而这个保险是以您的名义,不管您人在不在,这份保单将会提供给全世界不幸的儿童。并且,全世界因为失去您这位巨人,会有许多儿童永远永远、世世代代地怀念您的爱心基金,您觉得这个计划好不好?"

主持人:"OK,谢谢!"

从这个案例中可以看出,优秀的销售人员需要掌握有效提问的技巧。就像案例中的陈明利一样,她所提的问题就像一根导引线,引导着客户向自己靠拢。也许,有人会问,与客户的交流基本上都是即兴而谈,遇到什么问题就谈论什么问题,难道还有规律可循?答案是肯定的,每一种提问方式都有自己的规律,不同的提问方式又有不同的效果。那么,销售人员该如何提问呢?常见的有以下2个技巧,如图3-2所示。

图 3-2 提问的技巧

（1）科学设置问题

问题是提问的核心，问题设置得不合理就很难达到提问的目的。因此，在设计问题的时候要紧紧围绕挖掘客户需求、化解客户异议等展开。

在购买产品的过程中，为了获得更多的谈判筹码，很多客户会刻意隐藏自己的真实需求，或对产品提出异议，这些都会妨碍销售的顺利进行。这就需要销售人员进一步去引导，通过问题，循序渐进，逐渐引导客户说出心中所需或不满意的地方。

（2）选择正确的提问方式

①一问一答式。一问一答是最有效的提问方式，其优点在于双方一问一答，具体而明确，目的性非常强，客户可以针对问题做出明确的回答，销售人员也便于从客户那里获得自己最需要的信息，防止对方跑题、开小差，或者随便找个理由来拒绝。

比如，当客户以"不需要"为借口逃避推销的时候，就可以问一句"为什么"。这句话具有相当大的分量，往往会"逼迫"客户做出回答。任何一个人，在被这样提问之后都会"有问必答"，起到引起对方注意的效果，诱导客户去思考。

②二选一式。二选一式的提问方式，通常是一个肯定形式、一个否定形式，要客户在两者中间做出选择。这样的提问方式，优点在于可以大大节约时间，提高效率，客户回答起来也直截了当，简短而有力量，可使销售人员在最短的时间内了解客户。比如："您买的商品是A型还是B型呢？""如果您要购买，这里有A型和B型两种款式，您喜欢哪一种呢？"

通过简单的二选一式的提问与对方展开沟通之后，就要以第二个问题的答案为中心进行开放式的提问，以便逐步展开更加深入的交流。

在销售过程中，提出的问题如果都能使客户以"是"或者"不是"来回答，就容易控制谈话的主动权，将谈话的焦点转移到一定的范围中去，从而也避免了客户把话题扯远。

在拜访客户中，有效发问是销售人员必须掌握的一项技能。提出高质量的问题，能更大限度地挖掘客户需求，吸引客户的谈话兴趣，增强互动性，同时也可以让自己处在一个更和谐、更融洽的谈话气氛中。

3.3 记住客户喜好，找到客户感兴趣的话题

英国谚语　兴趣是不会说谎的。

打动人心的最佳方式，是跟他谈论他最感兴趣的事情，兴趣是不会说谎的，只要你所谈论的话题是对方感兴趣的，即使对方嘴上不说，眼睛、表情、动作马上也会出卖他。销售同样如此，要谈论客户感兴趣的话题。对方喜欢听什么，你就说什么，这样才能博得对方的好感，激发成交的欲望；也只有谈论客户感兴趣的话题，才可能让整个沟通过程顺利进行。

案例 3

面包商杜维一直试着将面包卖到纽约某家饭店。他连续四年不断打电话给饭店经理，参加该经理的社交聚会，甚至在饭店订房间住在那里搞推销，结果都失败了。

杜维在研究了为人处世之道后改变了策略，决定找到经理的"兴趣点"，他打听到经理是"美国招待者协会"的主席，而且不论该协会在何处举行活动，经理都必定出席，哪怕是跋涉千山万水。

于是，当杜维再次见到经理时，就和他谈论起了他的招待者协会，一下子就打开了经理的"话匣子"，经理反应异乎寻常，语调充满着激情、热忱，协会显然是他的"生命之焰"、精神支柱。经理在面包商离开办公室之前，"卖"给了他一张协会的会员证，杜维只字未谈面包销售之事。

几天以后，饭店的人主动打电话要他们送面包样品和价格单。四年努力未成，一朝交谈得手，全在于"投其所好"。

杜维正是找到了客户的兴趣点，才打开了客户的"话匣子"，从而达到成功推销的目的。与客户交谈必须先谈论对方喜欢的话题，也就是我们常说的投其所好。客户大多数情况下是不会马上就对你的产品或企业产生兴趣，这需要销售人员在最短时间之内找到谈话的突破口，而这个突破口就是客户感兴趣的话题。

那么，销售人员如何找到客户感兴趣的话题呢？这就需要做好两方面的工作。

（1）培养自己多方面的兴趣爱好

平时注意多看、多学习、多搜集，以培养起自己多方面的兴趣爱好，一切话题都可能成为对方感兴趣的话题。也就是说不要打无准备之仗，当知道客户对某方面话题感兴趣时，能够马上进入状态，与对方进行一场高质量的谈话。

比如，客户十分愿意谈论社会事件，而你就必须经常关注社会上新近发生的重大新闻，并对事件来龙去脉有一个正确、深入的了解；客户是个足球迷，而你至少需要了解一些当下正在进行的足球赛事，最好是成为喜欢的某个球队、某个球星的球迷。

那么，客户可能感兴趣的话题通常有哪些呢？抛开个人差异，一般都包含在如表3-3所列的几个话题类型之中。

表3-3 客户可能感兴趣的话题类型

话题类型	具体内容
社会话题	社会重大事件、时事新闻以及大众普遍关注的社会问题
体育话题	足球、篮球、橄榄球以及其他赛事播出情况，某个球星的动态等（适用于男性客户）
客户的工作或事业	曾经或正在从事的工作，在工作上取得的成就以及就业、创业、职业发展等
客户的家庭	孩子几岁了及上学的情况、父母的身体是否健康等（点到为止，不可深入）
客户的健康	客户的身体健康状况，在身体的保养上的建议和善意提醒等
回忆往事	与客户一起怀旧是十分美好的，比如提起客户的故乡或者最令其回味的往事等

（2）谈话过程中对兴趣点进行提炼

如果不知道客户的兴趣点（其实，绝大部分是事先不知道的），就需要在与客户面对面地交谈时，自己善于观察、判断，对客户兴趣点进行预判，或千方百计地引导对方说出来，以尽快了解客户喜好，做到"投其所好"，确立共同话题，为后期的深入沟通做准备。

对客户的喜好、兴趣进行预判，才可以做到得心应手、滴水不漏。例如，知道客户喜欢茶或咖啡，可以围绕茶、咖啡等谈起；知道客户喜欢名贵家具，可以从对方办公室的名贵器具、椅子沙发等谈起。

①从客户声音、语气变化判断兴趣点。客户的心理状态、精神追求、生活喜好等都会通过他的语言表现出来，所以，在沟通过程中，要善于观察，敏锐地感受客户声音、语气的变化，这些大都向我们展示了客户的兴趣点。比如，客户突然变得很健谈，说明

客户对这点非常有兴趣；如果客户暂停发言或不做表态，代表客户兴趣不在此。

②直接提问，引导客户说出兴趣点。如果从声音、语气变化无法判断客户的兴趣点，那就创造条件，询问相关问题，对对方的兴趣、动机、爱好等进行有意识的启发和引导。直接提问是提炼对方兴趣点的一种有效方法，常见的提问方式有3种，如表3-4所列。

表 3-4 常见的提问方式

提问方式	举例
直接提问	如"你对什么感兴趣""你有什么爱好""你现在最想做什么事情"等
引导式提问	如"你参加过什么项目""你有什么长远目标"
探索式提问	如"你喜欢什么样的消遣""节假日的时候，你都做些什么"

不过，在寻找客户感兴趣的话题时也要注意，要想让客户对某种话题感兴趣，你对这种话题也最好同样感兴趣。因为沟通是互动的，如果只是客户一方对某种话题感兴趣，而你表现得兴味索然，或内心排斥却故意假装很喜欢的样子，客户会觉察到，交谈的热情和积极性也会因此马上冷却。这样是很难达到良好沟通效果的。

> **小贴士** 共同的兴趣是拉近与客户心理距离最重要的因素，一个人的兴趣直接影响其需求，以及其对生活各方面的关注度。为此，销售人员要具备调研、提炼客户的兴趣、爱好的能力，精准锁定客户的兴趣点，想拿下客户，要先锁定客户的兴趣点。

3.4 懂得赞美，这是世界上最好的语言

> 法国
> 拉罗什福科
>
> 赞扬是一种精明隐秘和巧妙的奉承，它从不同的方面满足给予赞扬和得到赞扬的人们。

在生活中，赞美一词非常常见，我们会因别人的赞美而感激，也会因给予别人赞美而满足。赞美是人类语言的独特创意，它蕴藏着超乎寻常的能量，一句赞美能

给人以信心和力量。

赞美是打动客户，获取客户认可最有效的方式。只有真诚的赞美，才能满足客户的心理需求，从而让客户进一步接受你，接受你的产品。然而，赞美不能变成一味地奉承和阿谀。也就是说，赞美要恰当，要正中客户的下怀。因为，人在被赞美和认同的同时，不希望这种赞美过于直白。在推销中，你也许能遇到这样的客户，刻意地去伪装自己，一方面希望被人赞美和崇拜，另一方面又不想让对方看中心思，于是把内心的想法包裹得严严实实。

案例 4

小韩是某广告设计公司的销售人员，他一直想向客户李经理推销自己的广告业务。于是，他打听到了客户的电话，并约定时间去拜访。

小韩来到李经理的办公室，首先做了自我介绍，对方也显得很客气。

这时，小韩发现客户的办公室装修很别致，尤其是墙上的字画让他眼前一亮，于是机灵地说："李总，这幅字画一定是您亲笔之作吧。"

"是呀，是我亲自设计的。"李总边说边指着这幅作品。

"您这个想法真不错，既节省空间，又可以向来访的客户展示贵公司的特色。"小韩说。

"其实，2年前，我创办这个企业的时候，从事的就是销售行业。"李总若有所思地说。

小韩从李经理的话中听得出赞美的话已经令客户想起了很多往事。客户现在如此成功，一定对这2年的创业经历有一番感慨。于是，小韩顺水推舟，趁机让客户打开话题，这位客户果然娓娓道来，谈及自己的奋斗、公司的成长历史。每说到一处，小韩都不禁赞美几句。

这些话可谓说到了对方的心坎上，一番谈话之后，与客户的心理距离一下拉近了许多。小韩趁此机会向对方说明了合作的意图。对方爽快地答应考虑看看，并希望尽快正式谈判。

案例中的小韩就是通过赞美打开了话题，并使之贯穿整场谈话，最终为说服客户打下了坚实的基础。作为销售人员要善于去赞美客户。

然而，赞美也需要掌握一定的技巧，恰到好处，把话说在点子上，这样才能够获得客户的好感，有效地激发客户的购买欲望；否则，会适得其反，阻碍推销的顺利进行。因此，销售人员在赞美客户的时候一定要谨慎，务必要找到一个切入点，把握好适度原则，哪些话该说，哪些话不该说，一定要权衡利弊，考虑周全。

那么，销售人员该如何表达自己的赞美之情呢？可采用图3-3所示的4个技巧。

图3-3 销售人员赞美客户的技巧

（1）赞美要有事实依据

赞美要避免空洞无物，如果不符合现实，客户听了会对你的赞美产生怀疑，同时也给对方留下一个"太虚伪，不值得信任"的印象。

赞美的语言非常微妙，把握不好反而会弄巧成拙，千万不要说空话、大话，这会招致客户的反感。说的时候一定要注意技巧，赞美客户具体客观的事件。你对客户的赞美越具体，内容和方式越细化，表明你对客户了解得越深。

（2）找到最值得赞美的闪光点

赞美要找到最值得赞美的点，这个点必须是客户身上最闪光的点。客户的这些点可以从多个方面来寻找，事业、爱情、家庭、兴趣爱好、言行举止甚至长相等。比如一个女孩子相貌平平，你不能说"你真是大美人啊"，这种夸张的"赞美"对方不但不会领情，反而会大为反感。但是如果找到一个闪光点，比如她眼睛很有特点，就可以单独赞美："你的眼睛又清澈又明亮，真美！"只要抓住某个闪光点，赞美的效果就会大不一样。

总之，赞美客户一定要围绕一个"点"进行，包括具体的事情、问题、细节等，并且这个点是真正值得赞美的。

(3) 赞美要真正发自内心

真诚的赞美是增进情感交流的催化剂。在与客户沟通的过程中，赞美可以取悦对方，并让自己在其心中留下美好的印象。但是，在赞美的时候，一定要真诚，比如，赞美的同时提出相关的问题，促进对方不断地思考，这样就会让客户感觉你的赞美确实是发自内心，并且经过了深思熟虑。

(4) 赞美要适度

虽然每个人都喜欢受到别人的赞美，但一定要恰到好处，太过分就会适得其反，使其产生反感。有很多销售人员过度赞美客户，一味地奉承、巴结对方，这不仅让客户感觉很不舒服，甚至会激怒客户，伤害到对方的自尊心。因此，销售人员在赞美客户时，千万不要把赞美与奉承、巴结、拍马屁混为一谈。不得不承认赞美别人的同时在潜移默化中必须多一些恭维，但是，赞美的话说得无限夸大，就会被认为是厚颜无耻的拍马屁行为。

> **小贴士** 赞美客户的方式多种多样，赞美客户的技巧也有高下之别，作为一名销售人员，一定要多多学习，因为无论在什么时候，赞美对方都是一种极其有效的推销手段。

3.5 设置悬念，让客户不由自主想要了解更多

> 佚名　　与人交流有时候不给人提供答案，只是提出问题。

设置悬念可以激发起人的好奇心，而好奇心是进一步沟通的最重要动力之一。销售人员在与客户沟通时同样可以巧妙设置一些悬念，避免直接推销产品。从心理学角度上讲，任何人接受一个新事物，都是一个循序渐进的过程，而设置悬念式的说话方式正好符合了大多数人认识新事物的一般逻辑。

对于初次见面的客户，大部分人对你或产品都是陌生的，甚至有反感。如果巧妙设计一个悬念，比直截了当地推销效果要好得多。

设置悬念最常用的一个方法，就是制造问题，然后分析问题，最后解决问题。销售人员在与客户交流过程中，只要按照这个思路就会轻易掌握谈话主动权，让客户的思维随着你的谈话进行下去，最终在一步步的引导下，对你越来越感兴趣，对产品了解越来越多。

案例 5

小英推销一款新式的手写键盘，她的一位客户是位职业作家，每天都要在电脑前写作，小英在了解到这种情况之后，决定去登门拜访。

小英：周老师，您是一位大作家，真是让我羡慕，可以请教您几个问题吗？

周老师：可以，请讲。

小英：是这样的，我曾经拜读过您的大作，非常喜欢您的写作风格，不知道您哪儿来的灵感？

周老师：通常是晚上，那时，比较安静，灵感比较多。

小英：是吗？那您平时可要注意休息呀！毕竟身体是革命的本钱嘛！

周老师：谢谢你的关心！

小英：顺便问一下，您平时是手写，还是用电脑写呢？

周老师：以前是手写，但是手写起来又累又麻烦，出错的机会还比较多，现在有时候会用电脑。但是我们年纪大了，操作起来又不太方便，上次买了一个笔记本电脑，到现在还没完全搞懂。

小英：是吗？有时间我可以帮您啊，对于像您这样需要经常写作的人来说，打字速度是非常重要的。

周老师：不过，打字的确有些麻烦。我使用电脑的时间不会太长，还是习惯手写。

小英：要是手写与电脑打字结合起来那就更方便了。

周老师：那是，如果这样那就会方便多了。

小英：现在市场上已经有这样的产品了，不过还在推广阶段。

周老师：是吗，我也听说过，不知道使用效果怎么样。

小英：其实，我也正在研究这样的新产品……

就这样，小英通过向客户请教，与客户聊对方喜欢的话题，逐步转入到了产品介绍上来。言此而意在彼，这正是设置悬念的用意所在。通过问题来设置悬念，在与客户交流的过程中，销售人员要掌握这一谈话技巧。

人们对事物通常都有一个认识过程，而且是越模糊越对其感兴趣。在推销过程中，如果你能把握客户的这一点心理，不完全暴露产品，话说一半留一半，客户想寻求的欲望就越高，从而也可以大大调动他们的购买兴趣。

在销售行业里，销售人员也应该学会吊足客户的胃口，激发他们的购买兴趣，然后再适度降价，这样成功的概率会大大增加。那么，销售人员如何用问题来设置悬念呢？可以按照图3-4所示的3个步骤进行。

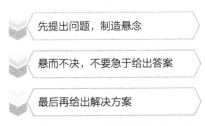

图3-4 销售人员用问题设置悬念的步骤

（1）先提出问题，制造悬念

有的客户明确表示没有需求，这种情况下销售人员很难把握。但这并不意味着客户无懈可击，问题是制造悬念的最好方式。用提问的方式给客户制造悬念，让客户感到不满足，目的就是吸引客户的注意力，激发客户的潜在需求。值得一提的是，所提的问题一定要精心设计，时刻围绕产品带给客户的利益去提问。

（2）悬而不决，不要急于给出答案

巧设悬念是为了更好地激发客户的购买兴趣，所以，你所提的问题不能立即给出答案，这就要求你所提的问题要有新颖感、有创新性，要能充分体现产品特性、产品价值。因为大部分客户往往会对产品品牌、价格、安全性、质量、售后服务等方面进行详细了解。这个时候，销售人员在提问中就可以重点关注这些细节。只有这样才能让客户感觉到，与你交流下去有所收获。

（3）最后再给出解决方案

提出的问题，最终必须得到解决，这是最后一步，也是最关键的一步，销售人员必须对自己之前故意制造的悬念进行最终的解释，提出切实可行的解决方案，以打消客户心头的疑问，只有这样才能赢得客户更大的信任。

> **小贴士** 销售过程就是一场销售人员与客户的心理博弈战。心理与心理的较量，谁能够掌握主动，谁就能成为最终的胜利者！推销开始之前，销售人员应该先掌握客户的心理活动，然后巧设悬念，充分吸引客户的注意力，让谈话顺利进行下去。

3.6 认真倾听，不要轻易打断客户的话

古罗马 普布利柳斯·西鲁斯

> 我常常为自己的言语后悔，但从不为自己的沉默而后悔。

在与人相处时不要一味地谈论自己，要懂得侧耳倾听。倾听，是一种有效的沟通，也是对人的基本尊重。侧耳倾听比夸夸其谈更能赢得他人的好感与支持。作为销售人员，在与客户交流时更应该善于倾听，这既是对客户的一种尊重，又能从客户的话中获取有效信息。只有认真地倾听才能发现客户需求，察觉到客户的心理变化。

但很多销售人员总爱扮演说教者的角色，滔滔不绝，一讲就是大半天，造成的后果就是客户根本没有认真听。这样，说得再多又有什么用呢？与客户交流必须给客户充分的话语权，先让客户把话说完，然后根据听到的有针对性地进一步交流。

案例 6

小梅是某衣服导购员，一天，一位中年男人来到专柜前。这时，她注意到客户走向了女式服装的展柜前，仔细地看。

"先生，有什么需要帮忙的吗？你想给谁买衣服呢？"

"看款式，应该是比较旧了一点吧。"

"对，这里的都是中老年人穿的，你想选择什么款式呢？这边的款式比较多，您可以先看看。"

"过几天是我妈妈的六十大寿，我想选一件衣服作为生日礼物送给她。其实，

我也不知道选什么款式。"

然后，客户讲起了很多关于母亲的往事。小梅一直笑眯眯地听着，一副感兴趣的样子，并没有打断客户。其实，小梅不仅仅在仔细地听着，脑子里还在不停地思考。通过聆听客户讲述自己母亲的故事，她得出一个结论：客户已经把此次买衣服的行为加入了很多感情因素，感谢母亲这些年为自己的付出，通过礼物向母亲表达自己的感恩之情。

根据这一结论，小梅迅速做出了判断：这位客户对衣服的款式并没有特殊要求，关键是要满足他想向母亲表达生日祝福的那一份情感。因此，小梅就向其推荐了一款特别版的衣服：生日套装，还根据客户需求重新优化了细节。当小梅将自己的想法说出来后，客户果然很满意，认为可以很好地帮助自己完成心愿，于是果断地同意购买。

客户谈论某一话题正在兴头上时，千万不可随意打断，尽管你对此十分不感兴趣。一个人的大脑很难同时处理两件事情，俗话说"一心不能二用"，在推销过程中，只有让客户充分地表达，才有可能获得他们的欢心。

也许有的销售人员会提出异议，如果客户一直在谈论与销售不相干的话题，怎么办？如果不打断，很有可能使接下来的谈判陷入被动。其实，这种情况是非常常见的，作为销售人员只能先集中注意力倾听，然后择机巧妙地转移话题，引导客户往自己的思路上靠。随意打断，而不考虑客户的感受，不但无法实现预期的目标，反而会得罪客户。

那么，当客户在热烈谈论一些与推销无关的话题时，作为销售人员该做些什么呢？通常需要做图3-5所示的3个工作。

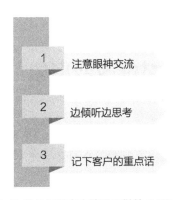

图3-5 避免打断客户谈话需做的3项工作

（1）注意眼神交流

在倾听过程中，要对客户的话时刻做出回应，以鼓励客户继续说下去。这时眼神是最好的鼓励，用热切的眼神注视着客户，即使一言不发对方也会感觉到来自你的认可。这样客户自然会感激你，假如你需要打断一下，客户也不会觉得很突兀，甚至会同样认真倾听。

（2）边倾听边思考

倾听绝不能让自己处于被动之地，这就是需要客户讲话时不但要用耳朵听，更要动脑筋，集中注意力听，认认真真思考。且不论客户在谈论什么，客户喜欢与你谈话就说明对方还是信任你的。假如你心不在焉，无法静下心来听客户诉说，就无法寻找转移话题的机会。

（3）记下客户的重点话

在倾听过程中要把客户所讲的重点信息记录下来，听清客户的言辞，还要剖析言辞中所蕴含的言外之意，这样才能把握客户心理，洞悉客户需要，知道客户关心什么、担心什么。只有了解客户的心理，销售才会更有针对性。

小贴士：无论客户的话是称赞、抱怨、驳斥，还是警告、责难，都要仔细地聆听，并适时做出反应，一方面以示关心与重视，赢得客户好感，另一方面当发现话题严重偏离主题时，又可以巧妙地提醒或者制止。

3.7 搞好个人关系，改善关系才能改变形象

美国 戴尔·卡耐基

一个人的成功，只有15%是因为他的专业技术，而85%则要靠人际关系和他的做人处世能力。

良好的个人关系对销售人员的销售工作有很大的促进作用，销售人员要想取得

好的业绩，必须与客户建立起良好的个人关系。个人关系是业绩的保证，业绩是由销售人员与客户关系的稳定性来决定的，因此，作为一名销售人员首先必须维护好与客户之间的关系。

在推销中，几乎每一个销售人员都曾被拒绝过，最重要的原因就是没有疏通好客户关系；还有的抱怨客户流失严重，这也是客户关系维护不好的原因。由此可见，改善客户关系对销售是多么的重要。

与客户的良好关系并不是一朝一夕就能培养起来的，需要逐渐进行，一点点地相处。那些成功的销售人员，之所以能取得成功就是善于与客户相处，在长期交往过程中建立起牢固的友谊。

与客户搞好个人关系，最重要的一点就是经常拜访，即使由于种种原因无法亲自拜访，也要想方设法增加交往的机会。比如，在客户的生日，或者一些有纪念意义的日子，送上一份小礼物，发一条祝福信息等。现在自媒体如此发达，在微博上留个言，微信上点个赞效果也还不错。这些细节虽小也是一种交往方式，可以大大增加客户对你的好感。

案例 7

小刘是做在职考研辅导招生工作的，他就曾依靠微信问候取得过客户的信任，并最终成交一单。具体情况是这样的：

一天，客户专门给小刘发微信说："刘老师，我到你们官方网站咨询过其他老师，也有很多其他老师联系我，我之前报辅导班被骗过，但是我相信你，因为你的坚持感动了我，尤其是你每周都有发祝福短信给我，所以你推荐一个实用的课程给我吧，我只相信你一个人。"

当他看这个信息的时候，马上知道这个客户的情况了。因为他清晰记得第一次给这个客户打电话的时候，客户详细问了课程的服务、价格等情况，虽然最后由于嫌贵没有立马答应报班，但小刘觉察到这是位有需求的客户。

也正因如此，小刘在结束谈话的时候，承诺先免费发两个历年真题试题讲解视频给这位客户，并说参加不参加辅导班都没关系。客户答应之后，双方互加了微信就结束了通话。

这次谈话之后，小刘一直关注着这位客户的微信，碰上有趣的朋友圈信息还留言或点赞，同时定期发一些周末愉快的祝福。令小刘没想到的是，正是这些小小的举动最终打动了客户，客户主动找上门来。

很多销售人员苦口婆心说服不了客户，最大的原因就是没有与客户之间建立起一种相互信任的关系。在推销中，人际关系发挥着重要的作用，在遇到沟通障碍的时候，就需要先建立良好关系，再谈生意。

对于一位销售人员而言，重要的不仅是当前利益，更重要的是与客户的交情。只要与客户建立良好的、长期的合作关系，即使当前无法从中得到利益，也会为以后双方的合作奠定基础。

与客户交往是有规律的，而且与人的记忆有关。人的记忆有几个重要节点，分别为24小时、3天和7天。这几个节点可形成一个曲线，所以这一规律又叫曲线记忆规律。在人与人交往中，随着次数的增多，对方对你的印象也会跟着不断上升，但再隔一段时间就会下降，如果再次相见就又会慢慢地回升。

销售人员在拜访那些潜在客户的时候，相隔的时间既不能太长，也不能过于频繁。否则，会适得其反。根据人的记忆规律，人在记忆的时候，会有很多记忆点，只要掌握人的记忆规律，在适当的时候去拜访客户，就会增强自己在客户心中的印象。

这条规律也可以成为销售人员拜访客户的一个规律。如果你掌握了人的记忆规律，就知道如何用最少拜访次数来达到最好的效果，甚至能够做到在客户刚想要购买产品时你恰好出现了。

具体做法是：在第一次拜访之后，要在24小时之内再次对客户进行回访，因为24小时后是人记忆下降最猛烈的时候，一过24小时，客户对你的印象基本上就没了。接下来就是要在3天后进行第三次拜访，3天又是记忆上的一个极限点，不同的是这次与前一次相比，时间要持久得多。当对方提起你时，会对你的某一点印象比较深刻。比如，"哦，你是某某公司的小冰吧，我记得，你上次传来的资料还在这儿……"接下来的7天后，又是一个重要的回访点。这样，通常情况下一周的时间，四次拜访，便可让客户对你保持深刻的记忆。

> **小贴士** 客户需要多次拜访，有了第一次拜访，紧接着就必须去第二次、第三次、第四次，甚至更多次。同时遵循一定的规律，让每次拜访都有成效。

3.8 不要马上满足客户要求，否则会事与愿违

美国
特德·莱维特

> 人们买的不是东西，而是他们的期望。

心理学研究表明，人的欲望是无限的，而且不会因为你一味地满足而停止。客户在购买行为中也是这种心理，往往对所购买的产品会有很高的期望，一旦得不到满足就会有失落感。因此，营销理论中普遍认为，只要客户提出要求，销售人员就应该尽最大可能去满足。

客户的要求是要去满足，但在满足时必须坚持循序渐进的原则，不能马上满足其所有要求。否则，你会发现，客户的要求永远是无法完全满足的。

要想让客户了解你的产品，首先必须懂得如何满足客户的需求。在满足基本需求的前提下，一定要有所保留。这样既最大限度满足客户，又能保留住底线，让客户始终有一种"值得与之交往"的感觉。

案例 8

小静是一家美容美发服务中心的销售人员，一天，一位中年女人走进店里。进店后，小静非常热情地问："小姐，请问需要什么样的服务？"

这位女士轻轻说一声"我先看看"，然后就在店里慢悠悠地逛。刚逛了一圈，小静见客户似乎有些犹豫，就禁不住走向前去，一一介绍各项服务："小姐，您先坐下来吧，这是我们的服务单，我给你介绍一下吧。"说话的同时，小静一直跟在客户身后，生怕客户跑掉似的。

小静说："如果不知道如何选择的话，我给您推荐一款吧，这款是我们店内新推出的特色套餐，目前购买还有优惠。"

客户说："是吗？"

"是的。"紧接着小静又对产品的优点、特色以及优惠活动从头到尾讲解了一遍。

客户反问道："你们这套服务为什么比别家的贵啊？"显然客户已经不耐烦了。

这时，小静感觉到客户似乎不太高兴，转头看看身后："小姐，一分钱一分

货,你不能以价格来评判这些,我们的确贵点,但我们店内聘请的都是专业的服务人员,你可以先试试。"说着,又是一顿天花乱坠的吹捧。

客户看了一会儿,便走出了这家店。

像案例中的情景一样,很多客户总是在决定购买时,突然又改变主意离开了。这是令很多销售人员烦恼的问题。之所以会这样,最重要的原因就是销售人员不懂得如何来满足客户的需求。从心理学角度讲,每个人都是贪得无厌的,都有爱占便宜的心理,如果不受节制,这种心理会越发强烈,永远无法得到满足。

在爱占便宜的心理影响下,大部分客户在购买产品时会提出很多无理要求,希望以此获得更多的交易筹码。而有很多销售人员也正好中了"圈套",为了取悦客户,恨不得马上满足客户的所有要求。其实不然,这种做法会助长客户的这种心理。

在客户越想得到很多的时候,销售人员越不能轻易给予。相反,要有技巧地逐步去满足,让客户在满足基本需求的同时对其他需求保持渴望度。

在满足客户要求时应坚持图3-6所示2个原则。

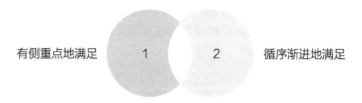

图3-6 满足客户要求时应坚持的2个原则

(1) 有侧重点地满足

任何一个产品都会有很多特性,而客户通常只对那些对自己有用的给予关注。这说明客户的需求是有选择性的,客户对产品的要求也会有侧重点。因此,满足客户要求只有结合客户需求,如果客户没有这方面的需求给予再多也没意义。同时,在向客户介绍某产品的功能的时候,一定要先了解客户的关注点,知道对方要求的重点在哪里,然后根据其重点要求确定所有体现的产品优势。

(2) 循序渐进地满足

客户的需求是有层次的,从低到高一般有5个,分别为产品需求、服务需求、体验需求、关系需求、成功需求。每个层次的需求,客户会提出不同的要求,而这些要求的提出却不会从低到高依次来。因此,当客户提出与需求不对应的要求时,你可以拒绝，或者先满足低层次需求的要求，再去满足较高层次需求的要求。

因此，满足客户要求必须分析客户需求层次，然后根据层次一点点、循序渐进地满足。有些销售人员总是无法令客户满意，其中最大原因就是无法看到客户的需求层次，只有明确了客户的需求层次，才能真正满足客户要求。

> **小贴士** 很多销售人员很难取得客户的认可，原因就是不懂得如何去满足其提出的要求，客户提出的要求五花八门，有的需要去满足，有的则不需要，或者说不需要急于去满足。只要掌握了满足客户要求的方法就很容易令客户满意。

3.9 开诚布公，讲出产品的缺陷和不足

美国
马斯洛

敢于暴露缺点的人更容易达到"自我实现"。

心理学家认为，如何对待自己的缺点实际上反映了一个人内心深处的动机：不敢正视自己的缺点、想方设法"藏短"的人背后的深层动机是"自我美化"，而敢于承认并改进自己缺点的人背后的深层动机则是"自我提升"。

"自我美化"的人明显地把更多的精力投注在了炫耀优点和隐藏缺点上，而"自我提升"的人则把更多的精力投注在不断努力，从而不断进步上。因此，"自我提升"的人显然更有动力去改进自己的缺点，从而把弱项变成强项，并进一步做出成绩、取得成功。

任何产品都不可避免地存在很多缺陷和不足，而很多销售人员在对待不足和缺点上采取的做法是刻意去隐瞒，这样的做法最终只能害人害己。作为销售人员必须有正确的态度去面对产品存在的缺陷和不足。

案例 9

一位客户正在商场买衣服，他看上了一款灰色西服，可发现只剩最后一件，而且已经有褶皱，便准备离开。在这种情况下，看导购是如何轻松化解的。

客户："这款西服看起来好像不错，我能否试一试合不合身？"

导购："先生，您的眼光真不错，这是一套商务套装，可以试穿一下。"

客户："的确不错，但后背、袖口处多处有褶皱，给我换一件吧，颜色和款式不变。"

导购："先生，实在抱歉，这件衣服是有些褶皱，但都是长时间积压造成的，熨一下没问题。"

客户："这多影响形象啊，新衣服一熨就跟旧的似的。"

导购："这件衣服与其他衣服相比，最大的优势就是面料上乘，款式也比较独特，很难找到同款，这样的衣服穿出去反而是长面子的事。"

客户："我正是看中了这件衣服的款式，面料倒是看不大出来。"

接下来，这位导购对面料做了一番讲解，并获得了客户的高度认可。为了进一步打动客户的购买之心，销售人员采用了打折的办法。

导购："这样吧先生，由于这是最后一件，我给您打8.5折。"

看客户仍有些犹豫，导购继续说道："这么高档的衣服，正常情况下我们是9.5折，这次确实是衣服略有些缺陷，而且是最后一件，给您特别的优惠。这样的优惠，在我们店以后肯定是不会遇到了。"

最后客户同意购买。

案例中这位导购的话，表面上看起来很普通，其实是非常讲究技巧的。首先，他没有隐瞒衣服存在的缺陷，而是站在客户的角度想问题，开诚布公大胆承认，这无疑已经赢得了客户的认同。其次，立马摆出衣服的优势，用优势抵消了缺陷和不足带给客户的心理落差。最后，再用折扣法一锤定音，促使客户尽快下决定购买。

从这位导购的做法可以看出，在产品存在缺陷和不足时，面对客户的不满和拒绝，销售人员可以从3个方面入手，如图3-7所示。

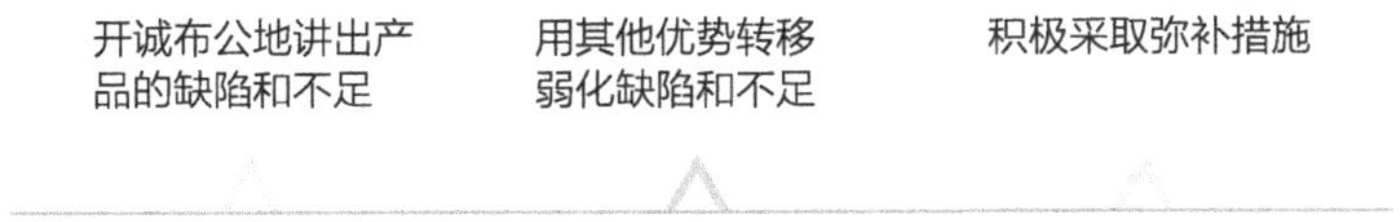

开诚布公地讲出产品的缺陷和不足	用其他优势转移弱化缺陷和不足	积极采取弥补措施

图 3-7 化解客户对产品缺陷和不足的方法

（1）开诚布公地讲出产品的缺陷和不足

客户提出产品存在缺陷和不足时，一定要搞清楚一个概念，什么是产品的缺陷和不足。产品的缺陷和不足是指在有质量保证的前提下，与同类产品相比处于劣势的那些特点。值得提醒客户的是，这些缺陷和不足有的是为了突出优点而不可避免的；有的是客观原因造成的，完全可以改变的；有的虽然不能马上改变，但是通过努力也可以得到完善。比如：我们的产品之所以耗电量大，是因为我们为了保障产品的大功率，保障在紧急的情况下，我们的产品一样能正常地工作。所以，在回答客户的这些问题时，千万要有所区分。

（2）用其他优势转移弱化缺陷和不足

在大多数客户看来，你所推销的产品总是存在某个方面的不足，或者价格太高，或者包装不漂亮，或者产品没有特色。有的时候，难免遭到客户强烈反对，遇到这种情况，销售人员就必须采取一定的策略，转换一下自己的销售思路，避虚就实，用产品的优势巧妙地转移客户的注意力。

（3）积极采取弥补措施

如果产品确实存在缺陷和不足，在向客户讲明之后就要采取相应的弥补措施。比如，用服务措施弥补产品缺陷。比如：我公司生产的电子产品虽然没有那些名牌产品有名气，可我们的产品也在极力打造自己的品牌，在售后服务上，我们承诺做到免费保修五年，终身维修的原则。

> **小贴士** 在推销过程中，每个销售人员都会遇到特别挑剔的客户。此时，无论自己所推销的产品是否存在缺陷，最重要的一点就是态度要端正，明确自己产品的优劣势在哪儿。而且会运用产品的这些优势去弥补弱项，争取客户的购买权。

3.10 双方产生争议时，要及时找到解决方案

俄国 别林斯基

> 一切活的东西之所以区别于僵死的东西，就是因为它本身本质包含着矛盾的本原。

在销售过程中，销售人员与客户之间常会意见不统一，产生误解，产生争议。比如，因价格争议、质量争议、服务争议以及其他争议出现问题，而销售人员又没有及时地解决，就是为失败埋下了祸根，轻则客户拒绝购买，重则投诉到公司高层或相关部门。

所谓争议，其实就是一种矛盾，消除矛盾的唯一办法就是找到问题根源，彻底去解决。当你把问题解决了，矛盾就消除了，双方也很可能达成一致。

然而，很多销售人员对于与客户的争议却处理得不好，要么得罪客户，要么自己陷入被动，让客户牵着鼻子走。处理不好客户关系就会影响到公司利益，使公司利益遭受损失。因此，与客户之间关系紧张时，如何处理好这种关系，对于整个销售工作来讲十分重要。

案例10

小陈是一家机械设备制造企业的销售人员，一次，客户公司计划团购一批高达几百万元的机器。客户公司非常谨慎，并没有直接签约，而是专门委派技术顾问王技术员前去考察。小陈也非常重视这次合作，前前后后准备了好几天。

当客户公司技术顾问来到后，小陈盛情接待、全程陪护，陪同客户参观厂房，对几款新设备进行全面详细的介绍。客户参观完毕之后，似乎不太满意，小陈感觉到对方可能会放弃这次合作，眼看"煮熟的鸭子就飞了"，情急之下便进行了强制性推销，结果更加惹怒了对方。

最后，对方不耐烦地冒出了一句话："究竟是我懂，还是你懂？"说完甩头就走。而后，小陈后悔不已，毕竟是因自己一时的冲动，令一大笔生意泡汤了。第二天，小陈特地拜访这位技术顾问，前去专门道歉。

见了面，小陈就主动说："王教授，今天我拜访您主要是向您道歉。昨天回到家中，把事情的经过从头到尾仔细地想了想，的确是我做得不妥。不过我仍是要感谢您，感谢您指出了我们产品中的不足，您的话对我们以后发展非常有帮助，我们会注意改进。"

小陈在说这番话的时候，态度非常诚恳。这位技术顾问听了感到心里舒畅了很多，于是也和蔼地说："您不必这么灰心，毕竟我们还在考察阶段，再说你们的产品总体上还是可以的，只是设计上欠缺一点，比如……"技术顾问举了几个例子。在此过程中，小陈一直在认真听，主动记录对方的重点问题。

谈话结束后，小陈对客户说："您的意见和建议我都记录下来了，马上向厂里汇报，按照您的需求调整产品。"

在小陈的努力下，这笔订单顺利完成。

上述案例中这位销售人员的成功就在于，对于自己的错误，及时地向客户道歉，缓和了紧张的气氛。产品难免会出现这样或那样的问题，而客户恰恰会因此而产生一些不满、抱怨。这时，作为销售人员如果能端正态度，认真对待，及时道歉，并积极地配合客户解决问题，双方的矛盾则容易解决。

面对出现的争议，销售人员可按照以下具体做法去做，如图3-8所示。

图3-8 产生争议时的解决方案

（1）及时真诚地道歉

对于客户的不满或异议，在稳定他们的情绪后，要及时道歉，比如可以说："先生，您别急，有什么问题您慢慢说，我们的产品到底出什么问题了？"或者说："我先给您检测一下，如果是产品本身问题我负责调换；但如果不是，您则需要从其他方面找原因。"

因为只有这样，客户才会感觉自己受到了重视，而对于你来说，也可以充分了解客户心底真正的想法，这对接下来的销售是极为有利的。

（2）尊重客户的意见

在与客户交流的过程中，客户只要提出异议，首先就应该对其意见给予尊重。这个时候，销售人员不应置之不理，刻意打击，更不能一味地争论，比一个谁高谁低，而是要表现出理解、尊重，先稳定客户情绪。也许有的人想不通，客户对你不礼貌甚至无理取闹，如何去理解和尊重？其实，客户提的异议对你来说也是一次改进、一次提高。试想，如果对方把自己的不快和异议藏在心里，不表现出来，就像一颗炸弹，说不定什么时候就会爆炸，反而对你不利。

（3）积极地解决问题

当客户提出不满或异议时，有的销售人员只顾推卸责任，说一些"不是我的问题"或者"不是产品的问题"之类的话。对于客户的不满，销售人员不应该回避，否则会招致客户更大的不满。相反，这个时候，要试图引导客户，支持和鼓励他们说出心中的不满，并努力去解决。然后，需要针对客户所提的问题，进一步了解情况，弄清楚客户对产品有什么意见，以及哪些问题在自己解决范围之内。能解决的一定要解决掉，给客户一个满意的答复。

> **小贴士** 销售人员处理争议的态度左右着客户的行为，很多销售人员并不能正视这个问题，与客户产生争议，说话非常不客气，态度极其恶劣，甚至对客户存有偏见，故意刁难。这往往会激起客户更大的不满，致使双方关系进一步恶化。

3.11 客观评价竞争对手，有效增强客户的认同感

> 西班牙 格拉西安
> 一个聪明人从敌人那里得到的东西比一个傻瓜从朋友那里得到的东西更多。

"您认为A公司（竞争对手）怎么样？""B（竞争对手）公司的产品与

您的产品有什么区别？"在选购产品的过程中，很多客户会问这样的问题。然而，大多数销售人员却不能客观地回答这些问题。由于通常同行之间是相互竞争的关系，所以，销售人员处理起这些问题来难免会带有强烈的感情色彩，或者有意逃避，或者恶意贬低、打击。殊不知，你在这样对待竞争对手的时候，同时也会影响到自己的客户。

销售人员在推销商品之前，要先推销自己的人品，对竞争对手的态度就能反映出一个销售人员的人品。客户认同你的产品，某种程度上就认同你这个人的人品，如果你对竞争对手恶意报复，会对客户造成很坏的印象，最终导致客户不敢信赖你。

案例 11

任强是某装饰材料销售人员，他向某客户推销了油漆。一天，一位客户到公司购买装饰材料，正好是任强接待的。

任强："我向你推荐一款吧，××款销量非常不错，深受用户的好评。"

客户："不会像上次一样有什么问题吧？"

任强："你放心吧，我们公司的这款油漆是国家免检产品，质量绝对可靠。"

这时，客户开始抱怨："昨天，我买了一款油漆，他也是这么保证的。谁知，刚生产出的油漆一刷上就出现崩裂。这是怎么回事啊？"

任强："这种情况基本上可能是甲苯含量过多造成的，我想了解一下你使用的是哪个牌子的产品。"

客户："A公司的。"

任强一听是A化工公司的，这家公司正好是自己的竞争对手，长期以来，这个牌子的油漆在市场上一直在与自己公司争夺市场。

客户非常气愤，任强为了打消客户的顾虑，先安抚了客户几句，然后说："先生，这样吧，你把你先前买的产品拿过来，我帮你测试一下，看到底是什么原因，好吗？"

化验后，果然发现A公司的产品含甲苯量严重超标。

于是，客户也对任强更加信任，开始使用他推荐的产品。

当客户问到竞争对手的产品情况，或者对自己的产品存有异议时，应该据实回答，并找出事实依据，令客户信服。只有做到让客户信服，客户才会信任你。而同行之间是既有合作又有竞争的矛盾体，在处理这种关系上，要做到客观公正，尊重对手。要知道，一个连竞争对手都不知道尊重的人，如何令客户信服？

在客户面前，千万不要随便诋毁、贬低竞争对手，如批评竞争对手人品差、产品不好，尤其是当竞争对手本身实力还不错时，否则客户只会觉得你不可信赖，你的品德有问题。

对竞争对手的评价，最能折射出一个销售人员的素质和职业操守。遇到客户询问竞争对手时，销售人员要客观公正进行评价，不隐藏其优势，更不夸大其缺点，让客户从你的评价中获得所需信息。从客户的角度想，他们之所以提到你的竞争对手的产品，不是为了听你的全盘否定，而是想从你的分析中得到更多的信息。如果歪曲对手的话，就会误导客户。

> **小贴士**　"害人之心不可有，防人之心不可无"，在评价同行竞品时，应做到客观，实事求是，不能恶意诋毁。客户之所以放弃竞争对手的产品而购买你的产品，表明客户对你是信任的，你应该好好利用这份信任，一心一意为客户服务。

第4章

关键4：
做好产品介绍，根据客户需求有针对性地推荐

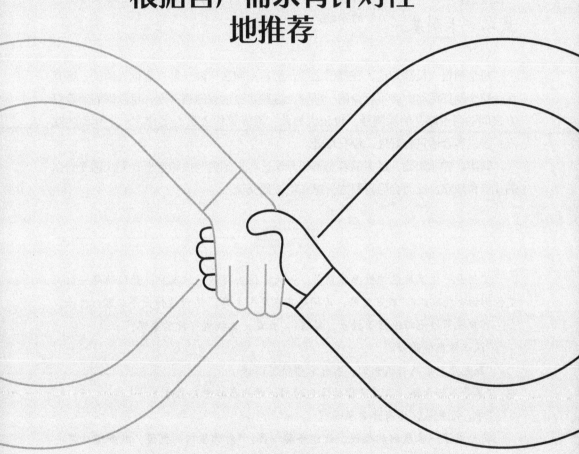

销售的最终目的是使客户购买产品。无论客户是对产品有意见，还是对你本人不满，双方最核心的工作都要围绕产品展开。因此，产品是双方谈论的焦点。对于销售人员而言，如何把产品完全地展示给客户才是真正需要下功夫的。

4.1 说一些客套话，不如直截了当介绍产品

美国
戴尔·卡耐基

> 打动人心的最高明的办法，是跟他谈论他最珍贵的事物。

每个销售人员都知道，在推销之前，都需要向客户说一些客套话。的确，客套话是整个销售活动中必不可少的一部分，这些客套话就像润滑剂，可以瞬间消除双方之间的陌生感，消除隔膜。也正因如此，很多销售人员心里存在一个片面的观点：多说客套话只有好处，没有坏处。

其实，并非如此。过多的客套不但无法让客户感到亲热和亲近，无法感受到你的礼节和敬意，反而会阻碍双方善意和坦诚的交流。

案例 1

艾伦是一位家庭装饰壁画推销员。一天，他去拜访一位客户，开门的那一刻，艾伦彬彬有礼地说："我是艾伦，请问是安东尼先生吗？"边说边伸出手与客户握手。

客户礼节性地与他握了握手，答道："我是，你找我有什么事呢？"

"认识你我很高兴。"

"我也是，很高兴认识你，有什么事情可以讲。"

"真是不好意思，占用了你的休息时间，对此我非常过意不去。"

"哦，没关系，你有什么事吗？"

艾伦看了一眼屋内的摆设，故意夸奖一番："看你屋内的摆设，就知道你是一个非常有生活情趣的人，我说得没错吧？"

"谢谢你的夸奖，但是你究竟有什么事呢？"客户显然不耐烦了。

"嗯，再一次谢谢你能够抽出时间来跟我说这么多的话，我真的非常感激。其实，我还想再耽误你一点时间，来说说……"

"够了！你已经耽误我够多的时间了！"客户非常焦躁地说完这句话，便随手"砰"的一声把门关上了。

麦克是艾伦的同事，这天他也拜访了在同一小区的客户罗伊先生。

"罗伊先生,我是英斯特公司的麦克,很抱歉一大早就来打扰您。"麦克微笑地说。

"没关系,找我有什么事情吗?"

"我可以进屋说吗?"

"哦,当然可以。"

这时,麦克注意到客户的装修别具一格:"我早就听说罗伊先生是一个设计大师,今日一见果然名不虚传,你的房子装饰得非常好,只是好像缺一点东西。"

罗伊说:"是吗?愿闻其详。"

"这么漂亮的房子居然没有壁画,在炎炎的夏日更像一个闷热的'蒸笼'。如果能装一幅壁画就更好了。"

客户大笑起来:"原来你是醉翁之意不在酒啊,绕了个大弯子是向我推销壁画啊,不过我的确需要一幅好的壁画。"

"既然这样,我就为你介绍一下我们公司这款壁画……"

就这样麦克拿下了这个高档小区的第一个订单。

艾伦认为客套是拉近双方心理距离的唯一方法,从而忽视了过度客套带来的负面作用。而麦克则恰到好处地处理了这一关系,既避免了初次见面带来的陌生感,也很好地打开了话题,引出了产品介绍。客套话是为了对对方表示恭敬或感激,不是用来敷衍的,因此,在运用时要适可而止,千万不可过度。

那么,销售人员如何把握客套话的这个"度"呢?需要明确图4-1所示的2点。

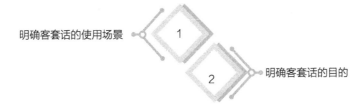

图4-1 把握客套话"度"的两个要点

(1)明确客套话的使用场景

客套话一般只用于第一次见面,或者销售人员与客户初次正式谈判时。在产品介绍过程中尽量少用,第二次、第三次见面后可以一带而过。如果你经常用"阁下""府上"这些敬辞,过于客气,有时可能会破坏原本轻松的谈话气氛。一方面对方会觉得你油滑、虚伪,另一方面自己也会有压力,过于客气的人对待事情总是小心翼翼，这种谨慎常常变成一道社交屏障，阻碍人际交往。

（2）明确客套话的目的

说客套话，不是为了吹捧客户，更不是为了取悦客户，而是为了以此为引子，抛砖引玉，为产品介绍做铺垫，引出产品介绍的话题。所以，销售人员在说客套话时，贵精不贵多，必要时可与产品相关的介绍结合起来，向客户道明你的来意。比如："我早就听说罗伊先生是一个设计大师，今日一见果然名不虚传，你的房子装饰得非常好，要是在这儿挂一幅画就更协调了……"在夸奖客户的同时，直接提及产品，会显得更自然，更容易拉近彼此间的关系。

> **小贴士** 在介绍产品时，过度的客套是非常不合适的，因为客户最想听到的不是这些，而是对产品有进一步的了解。因此，在与客户交流的过程中客套话一定要适度，否则就会适得其反，对推销不利。

4.2 产品资料很重要，但不必照本宣科

美国 杰罗尔德

> 教条主义是自负的顶峰。

产品资料是销售人员进行产品介绍时必备的资料，因此，有很多销售人员在实际推销中，过于依赖这些资料，直接将资料内容读给客户听，甚至直接塞给客户，让客户自己看。从市场反应来看，这样做很难满足客户需求，这是因为资料很多时候定位不准，过于烦琐，无法准确有效地传达给客户所需要的信息。

——— 案例 2 ———

张锦是某设备制造公司的推销员，他向客户推销产品时基本上没有任何技巧，就是单纯地依靠产品资料，尤其是产品说明书。

"刘先生，这套设备是我们公司今年最新开发研制的，在技术参数、数显装置、安装结构上，都比以前的设备有了很大改进……"

"小张，你暂停一下，我对设备的内部构造不大了解。我就说一下一直困扰我们的一个问题：以前，我们公司用的这套设备维修起来比较困难，而且配件是厂家直营的，市场上很难买到相匹配的配件。你们这套设备在这方面做得怎么样？"

这时，张锦拿出一份资料说："刘总，首先我想说的是，我们的设备配件很少出现问题；第二，如果出现问题你可以直接拨打我们公司的电话，有专人上门服务。"

客户接过资料一看，发现对全文的内容一点也看不懂，因为全是关于设备技术参数、数显装置类型等非常专业性的内容。于是，他便对张锦说："你先将资料留下，我需要研究一下，之后给你一个答复，好吗？"可想而知，客户是不会给他任何答复的，因为客户心头的困惑没有得到很好地解决，显然已拒绝了他。

上面案例中张锦失败的关键原因在于过分依赖产品说明书，在向客户介绍产品时，照本宣科地读产品说明书，没有将其转化为自己的语言，通俗易懂地讲给客户听，甚至直接给客户让客户自己看，从而导致客户对产品失去了兴趣。

产品说明书是产品资料中非常重要的一种形式，是对产品名称、用途、性质、性能、原理、构造、规格、使用方法、保养维护、注意事项等内容进行介绍的准确、简明的文字材料。

通过产品资料做到对产品的进一步熟悉，是对销售人员最起码的要求。销售人员必须对产品信息、型号、优缺点、价格、产品操作和售后服务相关流程等有具体的了解，在介绍产品时才能胸有成竹、运用自如，使客户放心购买。

但是对于销售人员来讲，在推销现场有限的时间里，要灵活运用，把这些信息有效地传递给客户却不是件容易的事。

(1) 对产品资料进行"瘦身"

销售人员要充分了解产品资料，并能正确解读资料，从而把客户最需要的那部分信息传递出去，就需要销售人员在向客户介绍产品的时候，根据客户实际需要对产品资料进行"瘦身"，使产品资料的内容好看、好记、一目了然。那么，如何对产品的资料进行"瘦身"呢？具体如表4-1所列。

表 4-1 对产品资料进行"瘦身"的技巧

明确资料的定位	市场推广、品牌宣传、产品介绍等
丰富资料的样式	报纸、杂志、专刊、促销海报、画册、产品单页等
突出资料的类型	分为市场版和企业版。市场版是专门为销售服务的一种宣传形式，主要内容有产品促销、新品上市、政策公布、销售技巧培训等，在内容、形式上都要突出商业化特色。企业版主要面向企业内部发行，供员工学习知识、交流思想
采用图文并茂的内文格式	文案需要专业人员精心策划，简洁明了，重点突出。版式设计新颖灵活，配图根据内容的多少决定所占比例

（2）突出产品特点和优势

任何一种产品都有自己的特点。不要认为不是品牌、名牌，产品就没有优点，比如价格便宜也是产品的一大优点。

介绍产品不能千篇一律，要根据不同客户的不同需求，有针对性，突出重点，满足客户的需求。着重介绍优点，但要准确真实，不能欺骗客户。

（3）善于转化

①将生僻难懂的文字转化为通俗易懂的语言。很多产品资料非常专业，在文字叙述上也非常专业化，有些字句令客户费解。比如，一些专业名词，客户平时很少接触到。遇到这种情况，销售人员就需要在介绍时避免使用这些生僻的词，必要时还要将其转换成通俗易懂的语言。

②将平淡无奇的叙述转化为生动形象的描绘。销售人员在介绍产品的时候不要一板一眼地介绍产品的性能、质地、使用方法等，可以用打比方、拟人等手法生动形象地描绘出来，更容易打动客户的内心，让对方对你的产品产生一种美好的期待。

（4）注意语速

介绍产品时语速要适当。语速太快的话，给客户应付的感觉，且客户听不明白也记不住，会起到反效果，甚至直接导致客户拒绝。语速太慢的话对方会觉得你是新来的而且对产品不熟悉，是你不自信的表现，甚至会认为产品有质量问题。介绍时，把握好语速、音量的变化等细节，更容易让客户听得舒服。

> **小贴士** 产品资料可以让客户对产品有全面直观的了解，直接影响着商品的成交情况。如何高效地推销还在于销售人员如何使用产品资料。对此，销售人员不能照本宣科地读，必须结合产品的个性用语言转述来展示。

4.3 善于运用榜样的力量，增强客户认同感

英国
威·亚历山大　　命令只能指挥人，榜样却能吸引人。

在销售过程中，单单介绍产品会使整个交流过程变得枯燥无味，也容易引起对方的反感。那么，如何使交流气氛变得更轻松、更自然些呢？用成功案例树立榜样，就是一个最简单、有效的方法，不但可以活跃气氛，最重要的是可以增强说服力，增加产品的可信度。

越来越多的销售人员意识到，运用成功案例是一个非常有效的交流工具。

───── 案例 3 ─────

小孙是一位保险推销员，他在向客户推销理财产品时，总是喜欢用以往客户的成功事例来说服准客户。

"我有个老客户，在理财方面是个专业能手，从事股票、基金买卖十多年。可这段时间股市不稳，收益大缩。他发现，在当前的形势下理财还是稳妥点好，于是，将大部分资金转移到保险领域，其中很大一部分就是买了我们的红双喜。"

"是吗？那你们的产品收益率如何？"

"这款产品是一种非常好的理财产品，我们公司每个人都投资了。其中有个柜员，年初刚生了儿子，一心想为儿子准备一份礼物，经过精心挑选，选择了红双喜作为孩子以后的教育基金。您看，这是他保单的复印件。"

客户点点头，认可了小孙的说法。

利用榜样的力量来说服客户，胜过讲一大堆道理。由此可见，销售人员在推销的时候要随时准备几个典型的案例，可以大大增强说服力。但是，在具体运用时还是会遇到各种各样的麻烦，比如，故事过长，没有代表性，或者不符合客户的期望值，等等，反而影响到预期效果，给对方留下一种"王婆卖瓜，自卖自夸"的不好印象。

成功的事例像把双刃剑，运用得好可以锦上添花，运用得不好则会起到反作用。所以，销售人员选择案例时一定要遵守一定原则进行，具体如图4-2所示。

图 4-2 选择成功案例需要遵守的 3 个原则

（1）真实性

运用案例最基本的一条原则是真实性，不宜长篇大论，不能虚构故事，更不能任意夸大或渲染。然而，很多销售人员在向客户讲故事时总是虚构情节，肆意夸大其中的一些细节。名为增强说服力，实际上是在对客户撒谎，这样如何能取信于客户？还有些人心存侥幸，自认为客户不能辨出真假便肆意夸大其词。这些做法都是极不可取的。你所说的案例中的公司名字、客户的名字，也许早就被客户留意并识破。进一步想想，如果客户对你的产品比较认可，势必会加以求证，谎言也就终有破灭的一天，到那时你的推销也将会付诸东流。

（2）典型性

在你的职业生涯中，也许有很多成功的销售案例，但是这些并不一定都适合用作案例。这就需要销售人员平时多思考、多总结，精选一些案例备用。在选择案例时，一定要选择那些具有代表性、具有强劲说服力的。比如，选择那些大家都熟悉的企业或个人；对产品做过重要评价或褒扬的客户；或者是与客户有业务往来的友好企业、合作伙伴等。

（3）启发性

让客户产生购买的欲望，这才是运用案例的目的。因此，所选案例一定要具有启发性、鼓动性。启发性强调所产生的价值和效能。产品到底好不好，在对方听了你的讲述之后，能够实实在在、清清楚楚地看到实际好处。因此，销售人员要本着能够打消客户忧虑、为客户购买找到更多的理由、权衡各方利弊、促使客户做出正确决定的原则去选择成功案例。

> **小贴士** 尽管用成功事例辅助产品介绍，可以起到事半功倍的效果。但在具体运用时要注意技巧，不要一上来就讲故事，而是要先揣摩客户的想法，了解对方的兴趣爱好、购买习惯、购买能力等，了解之后再想办法根据客户实际情况有针对性地选择事例。

4.4 阐明产品利益点，切中客户痛点需求

美国 菲利普·科特勒

> 推销并不是以最精明的方式兜售自己的产品或服务，而是一门为客户真正创造价值的艺术。

对于任何一个客户来讲，他们最关心的是自己的利益，关心的是购买产品之后能否真正受益。从这个角度上讲，任何产品的最大价值就是帮助客户解决实际问题，解决实际问题正是大多数客户的痛点需求，只有满足了这个痛点，才能真正令客户产生购买行为。

因此，销售人员在推销过程中，一定要着重强调产品带给客户的利益，必要的时候可以直接言明来吸引客户。尤其是在进入产品介绍这个关键阶段时，销售人员与客户之间已经有了初步的了解，对客户需求也有了明确的了解。如果客户乐于与你交流，说明基本认同你所推销的产品，有购买欲望。这时，不妨用最直接的方式说出产品的价值所在，让客户明白购买带来的实际好处和利益。

只要让客户感觉到购买你的产品物超所值，可以带来实际效益，就有可能激发与你合作的愿望。

销售人员一定要把客户最需要的东西体现出来，这样才能从内心深处打动对方。

案例 4

小王是一家商业租房中心的销售人员,一天,一位商户来到小王所在的公司,说想租一个门面做生意。小王带领客户看了一遍现有的房源,客户看后,似乎对目前所有的房子都不太满意。最后,留下一张名片便走了。

第二天,小王按照客户提供的联系方式打了过去,说是已经选好房子,并约客户上午10点商谈这件事。结果,这次竟然很快就谈成了。

一位同事感到奇怪,好奇地问:"小王,难道你在一夜之间就为客户找到了房子?"

"其实,房子还是原来的房子,只不过我花了一晚上的时间研究客户到底需要什么。"小王说。

"原来,你昨晚的工作并不是为客户找房子,而是一门心思研究客户啊。"

"对,我根据白天与客户的谈话,把我们各个地方的房源重新整理了一遍,发现有几处房子非常适合这位客户。"

"你是怎么做的呢?"

"这位先生是本市旅游协会会长,最近当选为旅游局的副局长。他非常热心出席各种商业活动,只要有会员参加的商展,他都会积极地参加。我从这些信息中推测,他租房子很可能是为了便于举办会展,既然这样,房子必须选择在交通便利、商业气息比较浓厚的中心地带。"

"原来是这样啊。"

在销售过程中,如何才能更好地突出产品优势,最关键的就是必须体现客户需求,客户有什么样的需求,就突出介绍相对应的产品优势,上述案例就是如此,在充分研究客户需求的基础上去介绍推荐房源。因此,当你遭到客户拒绝时,完全没必要马上放弃,要知道很多时候客户的拒绝并不是产品本身不达标,而是产品与自己的需求不匹配。而产品与客户需求不匹配往往是销售人员介绍得不到位。

要想让自己的介绍与客户的需求高度匹配,需要按照图4-3所示的步骤去做。

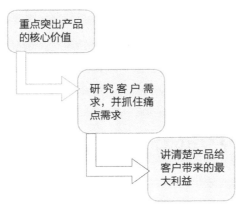

图 4-3 实现产品介绍与客户需求高度匹配的 3 个步骤

（1）重点突出产品的核心价值

一个产品区别于其他同类产品最根本的标志就是核心价值。任何一个产品都有自身的核心价值，这也是能打动客户的真正原因。通常，一个产品的价值很多，而核心价值往往只有一个，因此，销售人员准确定位产品的核心价值成为推销成功的关键。

（2）研究客户需求，并抓住痛点需求

产品的优势是个静态的概念，是相对而言的。介绍产品的时候必须结合客户的需求，才能体现出产品应有的价值。在介绍前，首先要确定客户的痛点需求在哪方面。比如，有的客户重视产品的实用性，有的重视其安全性，有的重视审美意趣。

所以，销售人员在向客户介绍某产品的优势的时候，一定要先了解对方的痛点需求，然后根据痛点需求确定重点介绍产品哪一优势。

（3）讲清楚产品给客户带来的最大利益

对于客户而言，他们最关心的就是利益，即产品或这次购买行为能为自己带来哪些利益，尤其是一些服务型的无形产品，比如，保险、股权等，利益往往是比较隐形的，只有明确了利益点，客户才有可能购买你的产品。因此，要想让客户购买你的产品，必须先让客户意识到产品所能带来的利益，否则，一切都是空谈。

 产品的核心价值通常不变，可客户的需求却是千变万化的，如何根据客户的需求来体现产品的价值，是销售人员必须掌握的一门技巧。这就要

求销售人员首先要确定客户需求,然后根据需求直接说明产品带来的实际利益。

4.5 多做演示,强化产品的视觉效果

英国谚语 优良的示范是最好的说服。

一项心理研究发现,视觉比听觉往往更有冲击力,能给人留下更深刻的印象。为此,销售人员在向客户介绍产品的时候,如果能以文字、图片、模拟操作或亲自体验等方式演示一遍,比单纯地语言介绍效果要好得多。因为人对陌生事物的认识或了解,仅仅依靠单一的方式具有很大的局限性,还可能引起误解,而辅以其他手段则可以从多方面、多角度进行了解。

案例 5

小青是一位打印机推销员,他有一个非常有效的推销技巧,就是实地演示。一天,他向客户推销一款打印机,在进入客户的办公室后,他先对产品进行了简单的介绍,对方表示自己也正需要一台打印机。但是,客户对这款打印机的使用效果提出了质疑。

小青看到客户办公桌上放着的旧打印机,不紧不慢地说:"我可以给您演示一下我们这款打印机吗?"在得到客户同意后,小青驾轻就熟地安装了打印机,夹了8张复印纸,并把它卷进了打印机。

在打印过程中,小青问客户:"您用普通的复印机能复写得这么清楚吗?"

这句话说到了客户的心坎上,他担心的正是这点,以前的几个打印机都出现了类似的问题。

这时,小青已经打印完毕,把打印出来的纸顺手分给办公室的每一位看,让他们自行和旧打印机打印的文件做对比。毋庸置疑,小青的这款打印机很快吸引住了

客户。他也获得了这家企业一份数额可观的合同。

演示是一种非常有效的产品介绍技巧,可以直观地展示产品的优势,从而给客户留下深刻的印象。可见,为了使客户最大限度地了解产品、接受产品,销售人员在介绍产品时,千万不可忽视演示的重要性。案例中的这位客户正是通过销售人员的"演示"才对产品有了更深的认识。做销售就应该让客户切切实实地看到产品的好处,产品演示的的确确让这位客户体验到了产品的优势,这要比说一千句话还管用。

产品演示,能让客户真真切切地体验到产品的特性和优势。产品演示可分为售前演示和售后演示两种,两种演示方式的目的不同,具体如图4-4所示。

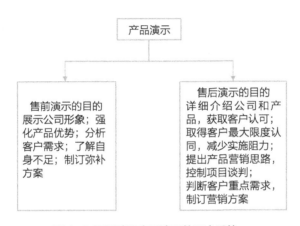

图4-4 不同阶段产品演示的两个目的

值得一提的是,销售人员在演示的时候,要注意以下3个方面。

(1) 提前做足准备工作

在做实物演示之前,必须把所需的材料准备充分,比如,产品数据分析、文字介绍、图片搭配以及其他模型介绍等,必须一应俱全,否则很容易在演示的时候出现纰漏。比如,数据缺乏准确性、文图不搭配等,都有可能使客户质疑产品的权威性,从而留下不好的印象。

(2) 边演示,边讲解

演示是作为一种辅助手段出现的,是为了客户更好地理解介绍的内容。所以,在演示的同时最重要的还是介绍。销售人员在向客户演示产品的时候,不要忘了针对演示的部分做详细的讲解，一边演示，一边介绍。

（3）随时准备应付客户的疑问

产品演示往往面对的不是一个客户，而是一群人，而且这些人各自怀有不同心态，持有不同的观点。要想把自己所在公司、公司产品和服务最大范围推销出去，在演示过程中必须做好随时应答客户问题的准备，甚至要应付各种刁难。否则，你的演示过程很难继续下去。所以，你如果觉得自己没有驾驭这个场面的能力，那就需要找个更有经验、更有能力的人来代替你进行演示。

> **小贴士** 演示是一种主动影响客户的产品介绍法，与单一的介绍相比，更能展现产品的魅力和优势。所以，在产品介绍上，销售人员要多花一些心思，研究一些更有创新性的产品演示方法。

4.6 创造客户接触产品的机会，增强对产品的体验

美国 特德·莱维特

> 人们买的不是东西，而是他们的期望。

在产品介绍的过程中，销售人员要有意识地给客户创造与产品接触的机会，并引导客户亲自去操作，体验产品的实际功能。这样做，一方面可以增强客户对讲解内容的理解，另一方面会增强客户的体验，无形中激发客户的成就感。

所以，只要条件允许，应该尽量让客户参与进来，亲自体验，与产品介绍形成互动。

———————— 案例 6 ————————

绍斌是一家服装公司的老板。这家服装公司以生产、制作年轻女性的服装为主，其时尚、新颖的风格吸引着一大批少女。为了进一步打开市场，绍斌灵机一

动,想出了一个绝好的点子:为即将毕业的大学生们举办一次服装表演会。

绍斌了解到,刚毕业的学生是他们公司服饰的主要消费群体,这座城市每年都有许多大学生步入社会就业。她们脱掉学生制服,即将开始一个崭新的生活,为此必然对服装要求很高。于是,每年这个时候,绍斌都会聘请一些知名度较高的明星或模特现身表演,并邀请一些大学生来参加。这样做的好处在于,客户欣赏、体验表演的同时,也对产品进行了直观深入的了解。

这样的营销效果非常好,表演会的举办吸引了很多人后续的购买。

绍斌的推销方式,除了可以让客户直接欣赏到精彩的服装表演之外,还可以学到不少知识,大大加深了企业、产品在客户心目中的印象。

对于销售人员来说,在推销过程中不可能制造如此大的轰动效应,但是完全可以借鉴绍斌的推销方式,多为客户制造一些亲身体验的机会。因为只有亲身体验,客户对产品才有直观的了解,知道产品的优点是什么、特色是什么,与其他产品最大的区别是什么。其实,这些也是客户在购买产品时最关心的问题,只要把这些问题解决了,接下来说服客户购买的工作也基本上顺理成章了。

那么,如何制造体验机会呢?需要注意以下3点。

(1) 要策划一个有创意的方案,这是前提

在产品介绍过程中,如何让客户参与到互动中来需要提前策划一个很有创意的方案。一旦你在客户面前有完美的产品介绍方案,就能够激起客户的好奇心和兴趣;或者使客户改变原有的想法而认同你。值得一提的是,要想有好的创意,除了思考、学习之外,坚定信念很重要,它会助力你激发出种种灵感。

(2) 用产品说话,先用产品折服客户

介绍产品首先要让客户看到产品,实现产品自己推销自己。然而,大多数销售人员在介绍产品时,却费尽口舌,只顾自己冲锋在前,忘了用产品说话。自己说的都与产品无关或让客户无动于衷,这是推销最忌讳的。客户购买的是产品,当然希望在第一时间对你的产品有明确的了解。随着对产品的认可,客户对你的态度也会转变。比如,你推销一款珠宝饰物,可以先把产品送到客户的手中,让他鉴别,客户一旦产生兴趣,你再强力介绍,便有了更多的机会。

（3）营造和谐的交流氛围

有些销售人员在介绍产品时，也会不时地提出让客户"试一试""体验体验"，但都被拒绝了。出现这种情况，最关键的原因在于没有把握好说话的时机。因为，客户在了解产品之前往往十分谨慎，不愿轻易亲身体验。这就需要在让客户体验前，先为他们营造一个和谐的谈话氛围，然后再引导其逐步融入到互动中来。

> **小贴士** 现代营销都强调体验，销售过程中应该给客户与产品亲密接触的机会，让客户切切实实地去体验。例如，给客户亲自示范，让客户亲身体验，或者通过特定的动作和场景，运用各种各样的肢体动作向客户展示某件产品，以让其更好地了解产品的特性或某项服务的优点。

4.7 善于讲故事，产品背后的故事更能打动人

美国 安妮特·西蒙斯

> 如果你是一个故事的讲述者，那你可以借用故事的力量，把你和听故事的人联系起来，让他们通过故事，去了解什么是重要的，什么是有意义的。

与客户交流不能只是停留在产品介绍的层面上，而是要能深入到客户的感情层面上。讲故事就是一种最好的方式，每家企业、每个产品都有自己的故事，比如，海尔、蒙牛，每当人们提起它们，都会想到与之相关的很多故事。通过这些故事，人们也对这些民族品牌有了更多的了解。

把产品背后的故事讲给客户听，很大程度上能拉近客户与销售人员之间的距离，增进客户对产品的认识。因此，销售人员在向客户推销产品时，完全可以根据当时特定的环境讲述一些小故事。然而，能成功运用这种方法的销售人员却不多，很多销售人员讲解产品故事像小学生背诵课文似的，枯燥无味，毫无乐趣。

案例 7

小赵是某汽车销售公司的推销员,最近公司有一款新车上市,比原来的功能更齐全、更安全、更环保。小赵觉得这对于老客户胡经理来说更有诱惑力,于是他给胡经理打去了电话。说来也巧,胡经理正想换一辆车。于是,小赵便带上相关的产品资料,登门拜访。

胡经理看了产品介绍后,表示不解,因为这款车并没有他预想的那么好。

"这款车有没有更新鲜的地方?"

"您没发现设计很有线条感吗?两个前车灯像两个大眼睛,整个车身也是流线型的设计,极富动感……"

"内部构造有没有什么优势?"

"这是最新款的Polo轿车,1.6升,带主副驾驶双安全气囊,双角度电子液压助力转向,ABS防抱死。"

当小赵滔滔不绝地介绍时,客户却没有兴趣再了解下去了。很明显,胡经理已经没有了购买之意,最后客户拒绝了小赵。

案例 8

小高是一家名表专卖店的推销员,一天,一位客户来到柜台前选购手表。客户在选购手表的时候,一直没有中意的。这时,小高注意到,其实这位客户对这些品牌手表的来历并不太了解。于是小高向对方推荐了一款瑞士生产的TITONI梅花表。

小高说:"先生,这个品牌的手表款式新颖,档次上乘,很适合你啊。"

客户说:"是吗,我以前怎么没听说过这个品牌啊?"

"这是瑞士生产的一个老品牌,很经典的,它的风格就是复古一点。"小高说。

客户说:"这倒没听说过。"

小高一听到这儿,迅速做出了以下几个判断:客户对产品的选择倾向于情感方面,他对品牌的名气看得非常重。于是小高说:"可能国内的大部分人都没听说过吧,可它却有不凡的来历呢。这个品牌是瑞士一家典型的传统品牌,英文名字是'TITONI',自1919年创立以来已经有九十多年的历史,这么多年经三代人科学经营,始终坚持'品质第一'的生产理念,以精致、可靠、耐用著名于世。上个世纪50年代时传入中国,命名为'梅花表',这也是我国引进外国手表最早的品牌之一……"

通过给客户讲解这款手表的来历及背后的故事,客户很快喜欢上了这款表,并决定购买。

客户难以接受你的产品,很多时候不是产品自身存在问题,而是你没有很好地将产品的优势通过语言展现出来。因此,介绍产品必须寻求好的方法和技巧,既能打消客户的心理戒备,又能让客户对产品有清晰的了解。

上述两个案例就是最好的证明。第一位销售人员即使把产品的优势、卖点完完整整地复述一番,客户也无法接受。因为很多客户并不完全相信销售人员的"嘴",他们认为销售人员能把坏的说成好的,能把死的说成活的。而第二位销售人员对产品的优势没有大谈特谈,只是讲了这个产品品牌的来历和历史,就打动了客户的心。这是为什么呢?因为当客户决定购买产品时,心里一定会经过激烈的思想斗争、权衡比较,然后才能做出最佳选择。而把产品背后的故事讲给客户听,则能很好地让客户插上想象的翅膀,沉浸在对产品的联想中,从而无形中打消了他们矛盾的心理,激发了其购买欲望。

那么,如何为客户讲好产品故事呢?第一,要知道讲什么;第二,要知道如何讲。

(1) 讲什么

所谓讲什么,就是要向客户传递什么信息,这就涉及故事的定位。销售人员在讲产品故事时首先要做的就是做好产品故事的定位。产品故事的定位一般分为图4-5所示的3个方面。

图4-5 产品故事的3个常见定位

①基于产品本身来讲故事。同一产品的销售,会因为产品介绍方式的不同,呈现出精彩或平淡的过程。精彩的产品介绍方式能赋予产品以生命和情感。那么,产品的生命从哪里来呢?就是它背后的故事。每个产品背后都有很多感人的故事,正是这些故事赋予了产品以生命。任何一位客户在决定购买某个产品时,他内心深处

一定对这个产品有了很深的情感体验,如果销售人员只想把冷冰冰的产品推销给他们,那客户则很难接受。比如,一位销售人员在向客户推销一款灯具时说:"你看,这款'绽放'式的灯像不像四朵盛开的玉兰花?它的设计创意就来自于春天盛开的玉兰花。每天打开这盏灯时,你就会想到早春盛开的玉兰花,玉兰花的清香飘满了你的房间……"试想一下,这样的介绍是不是更能吸引客户的注意力,更能激发客户的购买兴趣?

②基于产品品牌来讲故事。品牌的力量是巨大的,"品牌效应"在推销中对客户有着非常大的影响。很多时候,客户正是冲着某个"品牌"才购买的。但是,绝大部分人对这个品牌的了解仅仅是停留在"道听途说""了解一点"的层面上。为了让客户看到品牌的光荣历史、发展历程以及未来的前景,需要通过故事讲解来体现。比如,品牌在创业过程中经历的磨难、取得的辉煌,以及企业领导人的杰出贡献等。这时,推销员无疑是这个品牌故事的最佳讲述者。

③基于与产品相配套的服务来讲故事。商品竞争越来越激烈,客户购买某一产品绝不仅仅因为它的质量好,而是销售人员的服务是否能够满足对方的需求。那么,一个销售人员如何来体现自己的服务水平呢?除了规范的服务礼仪和服务流程外,语言的运用起到了非常关键的作用。你可以向客户讲解自己的服务过程以及曾经的荣誉等。

但是,关于服务故事的讲述,更重要的是要真实,你就是这个故事中的主角。有可能的话可以将某个顾客赠送的锦旗或者奖状拿过来,讲给客户听听其中的故事。

(2)如何讲

如何讲就是讲的方法,讲产品故事要注意方法,方法不同,讲出来的效果则不同。具体的方法如图4-6所示。

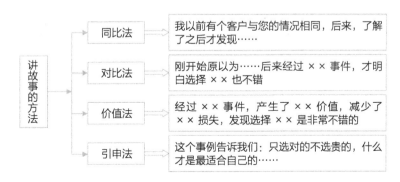

图4-6 讲故事的4个方法

讲故事已经成为很多销售人员进行产品介绍的一种很好的方式，讲故事的好处就在于，除了故事本身所拥有的一些独特魅力之外，更重要的是在有些情况下，用讲故事的方法进行沟通比直接说出你的想法更容易让人接受。

4.8 当客户没有需求时，要善于制造需求

> 佚名　需求有时候是制造出来的，解决矛盾的高手往往也先制造出矛盾来。

在推销过程中，大部分客户都会以"不需要"为借口拒绝，即使一味满足客户的需求也不能总获得客户青睐。因此，与其被动地满足对方的需求，不如主动去激发客户需求。当客户的新需求被完全激发出来之后，客户购买的意愿就会大大加强。

当客户表示没有需求或者需求较少时，销售人员就要想办法挖掘他们潜在的需求。很多时候，客户本身不是没有需求，而是没有意识到自己的需求。作为销售人员，要记住任何一个客户都有他们潜在的需求，尤其是那些乐于与你交谈的客户。

案例 9

保险推销员萧文去拜访一位非常富有的老先生，劝说其购买一份人寿保险。没想到的是，这位客户却非常倔强，萧文好说歹说，对方都不为所动，毫不犹豫地拒绝了。

萧文："杨先生，您有什么要求提出来，我一定满足你。"

客户："不好意思，我生活得很好，不需要了，跟我谈保险也是在浪费你的时间。"

萧文虽然注意到这位客户对保险有些反感，但是他仍强作笑颜，竭力去说服客户，结果客户更加恼火。

客户："你都看到了，我现在已经60多岁了，买保险对我已经没有什么用处了。如今，我的儿女都已经长大成人，能够好好地照顾自己，即便我有什么不测，他们也有钱过舒适的生活。"

受到冷落的萧文似乎受到了打击，怏怏地离开了。

第二天，萧文的同事张永军也去拜访这位客户，遭遇了与萧文一样的拒绝。老先生告诉他，从昨天开始自己已经送走了三位保险推销员了，他年纪大了，不再需要保险了。

与萧文不同的是，听到客户的拒绝，张永军没有沮丧，而是换了一个角度，说："老先生，我知道您现在年纪大了，但我也听说你是一个十分注重生活情趣的人，平时热衷于公益事业……"

一提到慈善、公益事业，老人立刻来了兴趣，兴致勃勃地谈论起来："在我的事业和家庭之外，我希望度过一个更加有意义的晚年，最大的愿望就是通过慈善事业做点实事，比如对医院、学校、慈善事业的资助等。"

"那您是否想过您百年之后，您的慈善事业也可以继续下去呢？"

"如果有这个可能，当然希望它成为我生命的一种延续了。"

"有一种方法可以实现你的这种愿望……"

话还没说完，老先生就睁大眼睛好奇地看着张永军。

此时，张永军意识到时机已经成熟，马上把投保的详细资料给了这客户，客户看后很满意。通过短短的对话，张永军重新燃起了客户了解保险的欲望，这也为产品的最终推销成功开了一个好头。

案例中这两位销售人员的结果之所以有如此大差别，关键在于两个人谈话的侧重点不同。萧文一味地想满足客户的需求，而张永军则在为客户制造需求。一味地满足，一旦遭到对方拒绝就很难再有回旋的余地，而制造需求则可以避免这一点。所以，销售人员不仅仅要推销产品，更重要的是还要为客户创造需求，引导客户购买。把客户潜在的"不需要""不购买"转化为"我需要""一定要购买"。

优秀的推销员在客户有需求时会挖掘需求，没需求时会制造需求，总之会化不可能为可能。

那么，如何为客户制造需求呢？通常可以从以下3个步骤做起，如图4-7所示。

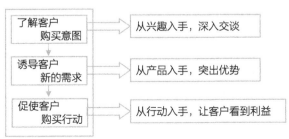

图4-7 为客户制造需求的3个步骤

(1) 了解客户购买意图

客户只关注自己需要的东西，销售人员在向客户介绍产品的时候，一定要明确客户的意图，然后根据需求确定谈话的主题。否则很容易出现答非所问的情况，不但浪费时间还容易造成客户误解。比如，客户对价格有异议，是真的嫌贵、没有购买力还是有其他目的？这就需要销售人员与之深入交谈，搞清楚"这些费用的具体用处是什么，为什么会比别的产品高出5000元"。在摸清客户的心理后，给予巧妙的解释，打消对方的顾虑。

(2) 诱导客户新的需求

任何产品都拥有自己的独特优势，而这个优势就是卖点，也是其诱导客户需求的重要原因。销售人员一定要明确自己产品的优势，这些优势可以激发客户的内在需求。在推销过程中，每个销售人员经常会遇到像石头一样顽固的客户，此时，你就要学会利用产品具有的独一无二的特性来挖掘客户潜在的需求，把产品具有的优势用语言明确、清晰地讲给客户听。

能诱发客户的新需求固然好，但如果过分控制客户的需求，客户肯定会反感。最好的方法就是采取循序渐进的谈话方式，让客户逐步地去接受你的产品。

(3) 促使客户购买行动

当客户对产品有了一个初步的了解之后，这个阶段应该将有关产品的销售说明中的重点讲给客户听。这样做的目的就是要让客户对产品的优点及价值有更深的了解，让客户获得更充分的商品情况来决定是否购买。在这个阶段，不仅对客户要做口头说明，必要时还需配合文字说明、图表、幻灯片等其他推销方式。

 在销售过程中，一个销售人员首先应该真正地去了解客户的心理以及他对产品所持的态度；当对方对产品有了认可之后，再进一步挖掘对方的需求；最后根据需求有针对性地进行推销。

第 5 章

关键 5：
化解客户异议，始终与客户站在同一条战线上

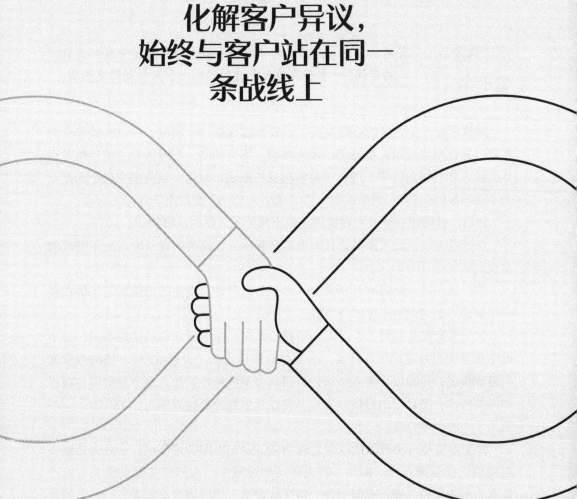

当客户不赞同你的说法时，一定不要与客户发生正面冲突。试想，如果你是一个消费者，是否也有同样的担忧。多花些时间站在客户角度想想，客户为什么会拒绝，只有站在客户角度充分考虑，才能进一步了解客户的需求。

5.1 不要过于自我，多从客户角度考虑

> **法国 笛卡尔**
> 反对的意见在两方面对于我都有益，一方面是使我知道自己的错误，一方面是多数人看到的比一个人看到的更明白。

陆钦斯是一位著名的心理学家，他曾做过这样一个实验：将被实验者分为两组，并让每组被实验者看同一张人物照。不同的是，在看照片之前，他对照片上的人物分别向两组人进行了截然相反的描述：对第一组人说"这个人是一个十恶不赦的罪犯"；对第二组人说"这个人是一个著名的学者"。

而后，让两组被实验者根据描述说出照片上人物的性格特征。

第一组人说：此人深陷的目光里隐藏着险恶，高高的额头表明死不悔改的固执。

第二组人说：深沉的目光表明他思想的深刻性，高高的前额表明了他在科学探索道路上的无坚不摧的坚强意志。

这一实验充分说明：人对同一事物的认知，由于所获得的信息不同，得出的结果可能也是不同的。其实，这就是心理学上的"投射效应"，投射效应又叫自我投射，是指以己度人，认为自己具有某种特性，他人也一定会有与自己相同的特性，把自己的感情、意志、特性投射到外部世界的人、事、物上，并强加于人的一种心理。

投射效应是一种严重的认知心理偏差，表现为不会辩证地、一分为二地去对待别人和对待自己。例如，在人际认知过程中，人们常常假设他人与自己具有相同的属性、爱好或倾向等，常常认为别人理所当然地知道自己心中的想法。同样，在推销中，销售人员也容易犯这样的错误，买卖双方由于立场或所获得的信息不同，对产品有不同的看法和意见，而大多数销售人员总习惯站在自己的角度，凭着自己的想法考虑问题、判断客户，从而导致双方的分歧越来越大。

投射效应是一种以己度人，期望利用自己的行为特征去影响对方、改变对方的认知障碍。那么销售人员如何规避这种认知障碍呢？可以从以下3个方面做起。

（1）正确理解投射效应

要想尽量规避与客户相处中产生的投射效应，就必须先正确理解这种效应的表现。通常表现为两个方面，如图5-1所示。

情感投射	愿望投射
认为自己喜欢的人或事是美好的，自己讨厌的人或事是丑恶的，并且把自己的感情投射到这些人或事上进行美化或丑化的心理倾向，从而导致人际沟通中失去了认知的客观性。	即把自己的主观愿望强加给对方的投射现象。比如一个自我感觉良好的学生，希望并相信老师对他的作业一定会给予好评，结果他就把老师一般性的评语理解成赞赏的评价。

图 5-1 投射效应的两个表现

（2）关注自己的情绪，提前干预

人的情绪有70%可以通过身体来表达。即使我们极力隐藏对一个人的讨厌，但是对方还是会很轻易感受到你的不友善。察觉到你的不友善之后，对方往往也会做出负面反馈。结果自然是双方的恶意越来越多。

所以，当感觉到自己对一个人有所厌恶的时候，一定要提前向内觉察，思考一下自己的情绪到底是从哪里来的，把注意力放回自己身上，从而减少对对方的恶意。

（3）赏识和尊重客户的想法

客户对于要购买的产品，都会有自己独立的思考，并有自己明确的想法和观点。这时，销售人员应该在客户想要发表自己的想法和观点时，给予积极的赏识和尊重。赏识和尊重客户的想法，有助于通过客户的观点，发现和了解客户的真实想法，从而纠正客户在购买过程中的一些错误思想。

> **小贴士** 在推销中，销售人员都会想方设法地化解客户异议。但是，值得注意的是，过分地以自我为中心，必然会受到自我思维定式的束缚，从而不可避免地造成认知上的障碍，影响到对客户客观、准确的判断。

5.2 对异议表示理解，鼓励客户说出来

> 客户的异议是客观存在的，正确认识和处理顾客的异议，不但可以使企业重新获得商机，而且可以提高企业和新产品的信誉，从而赢得顾客的满意和忠诚。
>
> ——佚名

客户异议是指对推销的产品、推销人员及推销方式和交易条件产生的怀疑、抱怨，并进而提出否定或反面的意见。对于客户的异议并不能采用堵的方式，而应疏通和引导，鼓励客户说出来，找到发泄的渠道，问题就迎刃而解了。

客户对产品或你本人有异议，肯定是不会接受你的推销的，就像是一个装满水的杯子，你企图再往里加水只能溢出来，要想重新向杯子里注水，必须先清空杯子。客户心中的怨气和不满也一样，必须让其充分发泄出来，这样客户才可能听进去你的话。

在销售的过程中，客户的异议和不满是不可避免的，面对客户的这种情绪，销售人员一定要保持冷静，为对方找到一条合适的发泄渠道。只有让客户把心中的不满充分地发泄出来，才有可能重新接受你或你的产品。处理客户异议，可根据图5-2所示的步骤进行。

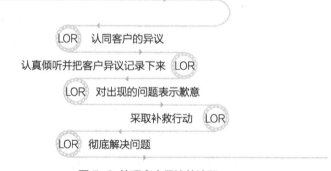

图5-2 处理客户异议的流程

（1）认同客户的异议

客户的异议，需要获得认同，任何一个异议都是有原因的，既然客户表现出来了，就要以认可的态度去了解客户的处境。这样就可以暂时缓解对方的怒

气，安抚客户的情绪，还可以从侧面更进一步了解到客户内心真实的想法，从而也为接下来提出解决办法奠定基础。有时候客户的异议对销售是非常有价值的，它恰恰是产品的问题所在。因此，销售人员一定要重视客户的异议。

（2）认真倾听并把客户异议记录下来

要认真倾听客户的异议并且认真记录下来，同时把认为重要的地方特意标注出来。记录下来是对客户最大的尊重，只有给予客户充分的尊重，他们才能感觉到自己的异议有价值，只有让他们感到有价值，其怒气才能逐渐消去。否则，异议只会越积越大，最终到了不可收拾的地步，销售人员就完全失去了主动。

（3）对出现的问题表示歉意

销售人员在认真记录客户异议时，要表示理解，并适当表达歉意，承诺负责，让客户感到你的诚意。千万不可反驳客户，甚至得理不饶人，无谓的争执只会使矛盾激化。

（4）采取补救行动

找到了客户异议的原因，销售人员就要及时地采取补救措施。自己无法解决的，要与相关人员共同协商，一旦找到解决方案就要立即实施，从而减少甚至挽回客户的损失。否则，不但会导致客户丧失信心从而取消订单，甚至会损害产品和企业的形象。如果是由于误会引起的客户异议，销售人员要及时向对方解释清楚，说明缘由，争取谅解。

（5）彻底解决问题

对于长期合作的客户，发生此种情况，销售人员就要制订一个完备的方案，尽早实施，同时，征求客户的同意，说明具体的处理办法，充分解释为什么决定用这种方法。然后彻底解决，以防再次发生类似问题。

有的客户异议是由于对企业或产品的误会而引起的，这个时候销售人员就要及时解释，说明情况。但面对客户的异议，销售人员也不能完全听信而应判断、调查清楚，因为有些客户动机不良，往往会趁着这个机会得寸进尺，这就需要在向客户解释的时候坚持一定的原则。

5.3 逐步澄清事实，消除客户误解

中国 鲁迅

> 事实是毫无情面的东西，它能够将空言打得粉碎。

"你们公司的产品都是骗人的，我再也不会被你们忽悠了。""别提了，你们公司的产品我知道，不需要。"……在推销中，很多客户会对销售人员所推销的产品存有偏见，尤其是对新产品会产生更大的怀疑。比如，客户指出价格较贵，产品质量不好，品牌不响亮，或者售后服务有问题等等。这些都是销售人员经常遇到的情况。那么，遇到这些问题该怎么办呢？最重要的就是澄清事实，让客户认清真相，从而打消客户对产品的偏见。

客户买与不买你的产品，很大程度上取决于对方对产品的认可程度。就拿惠普与IBM合作的事例来说吧。惠普公司刚刚起步时，IBM已经发展到一定的规模，拥有了一定的客户群。它必然是惠普最强劲的对手之一。在这种情况下，惠普公司的销售人员仍然取得了不菲的成绩，约翰·柯威尔就是其中一位。

案例 1

小林是某品牌护发品的导购员。一天，一位客户走进店内，小林便拿着样品走上前："小姐，了解××牌的护发素吧，这是一款刚刚上市的产品，正在优惠活动中，了解一下？"

客户看了一眼样品，似乎并没有仔细看，不屑地说："以前用过，效果不太好。"

小林微笑着说："是吗，谢谢您关注我们品牌的产品。您一定误会了，这是款新品您应该还没用过。其实，在使用护发素时有很多注意事项，您还不知道吧？"

客户："什么注意事项？"

小林："您先坐下来我慢慢向您解释。"

在小林的热情服务下，这位客户也没有坚持走，更重要的是她确实想具体了解一下到底是什么注意事项。

"小姐，您也知道，护发素的使用方法有很多种，洗前……"

小林向客户详细地介绍了护发素的几种使用方法及其注意事项。听了一番介绍

后，客户也意识到的确平时使用时忽略了这些。因此，客户对该品牌产品的质疑也慢慢打消了，有了重新认识这款产品的欲望。

客户对产品存有偏见，多半原因是不够了解或产生误解。所谓"一朝被蛇咬，十年怕井绳"，当客户对产品存有偏见的时候，肯定在购买此类产品上有过失败的经历。比如，客户在购买过程中曾经受过骗，或者有过其他不愉快的经历，对方给其留下了较坏的印象，以致客户会深深地刻在自己的脑海里。遇到这种情况，客户正处于高度心理戒备状态，任凭你怎么介绍，对方都不会轻易接受。

在现实推销中，由于客户对推销的产品了解不够，销售人员经常会遭到客户的拒绝与无视。这是非常常见的，所以，销售人员一定要知道客户心里的想法，搞清楚客户为什么对产品有偏见。如果真是自己的问题，要向客户道歉，先稳住客户的情绪。

俗话说，"在哪里跌倒，就从哪里爬起来"。作为销售人员首先必须敢于面对，敢于接受，调查清楚，根据实际情况做出巧妙应对，打开客户的"心结"。那么，如何来澄清事实，消除客户的误解与偏见呢？一般可以通过如图5-3所示的4个步骤进行。

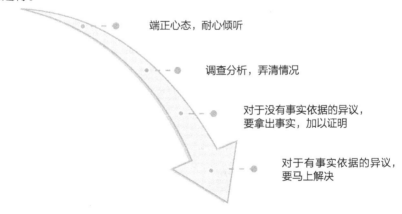

图5-3 澄清事实的4个步骤

（1）端正心态，耐心倾听

对于客户的异议，有时候听比说要重要。因为在这个时候，客户正处于抗拒状态，很难听进去你所说的话。无论结果怎么样，作为销售人员，你都处于被动地位。这个时候唯一可做的就是耐心倾听，及时地了解客户，发现客户存在的问题，从而有针对性地解决。

(2)调查分析，弄清情况

客户的异议有真有假，因此，当客户有异议时销售人员既不能盲目埋怨，也不能大包大揽，把所有的问题自己扛下来。正确的做法是先调查，后分析，根据实际情况进行区别对待，比如到底是什么问题，问题出在哪个环节，如何划分责任等。

(3)对于没有事实依据的异议，要拿出事实，加以证明

事实是最好的说服工具，对于那些对产品存在异议的客户，销售人员可以多向其展示一些证明材料，以强化说服力。比如，权威机构对产品的认证资料、用户的好评、往期的销售数据等。

(4)对于有事实依据的异议，要马上解决

如果客户异议有事实依据，要着手马上解决，并且弄清楚自己能否解决，或退货，或调换；如果是客户自己造成的产品的问题，要明确地告诉对方，真心地提供帮助，总之一定要负责到底。

> **小贴士**　客户之所以对产品有偏见，有时可能不是产品本身出了问题，而是销售人员的服务态度出现了问题。因为产品的质量、性能这些问题都是客观存在的，完全在能力解决范畴之内。最可怕的是有的销售人员并不能正视这个问题，对客户心中存在的偏见不能有效地引导，这会大大影响到客户的购买情绪，反而使情况进一步恶化，激起客户更大的不满。

5.4 结合需求介绍，弱化客户对产品的异议

> **佚名**　如果产品是针对客户潜在需求而研发的，那么销售人员要做的就是找到这一群有需求的客户，将他们的需求与产品功能进行匹配。

在客户的异议中，除了对销售人员本身有异议外，还有一种非常常见的异议，那就是对产品的异议。

让一个人接受他不熟悉的事物的确比较困难，拒绝也似乎非常合理，毕竟并不是每个人都了解自己的产品。所以，无论什么情况下，只要对方提出对该产品缺乏了解，销售人员唯一可做的就是对其进行产品介绍。

然而，在这一阶段中产品介绍具有一些特殊性，既要有选择性，也要有针对性，先对客户的需求进行一番了解，然后围绕这些需求展开，千万不可盲目进行，顾此失彼。

案例 2

农用卡车是生产工具类产品，消费群体主要集中在农民、工人等。由于这种车的市场较小，消费群体有限，很多销售人员担心这种车不好卖。

一家专门销售农用卡车的4S店也有同样的窘境，大部分人经常被客户以"对产品不了解"为借口拒绝，业绩都很惨淡。但是，有一位销售人员却非常突出。原来，他在讲解时抓住了一点，即如何让买卡车的农民赚到钱。而其他推销员怎么介绍的呢？大多面对客户大肆渲染卡车的特点、优点等，比如："买卡车能找到长期合作的货运公司""后期维修方便""可低利息向银行按揭贷款""报废后仍可享受政府几千元补贴"等。总之，只要宣传手册上有的，他们会一字不落地介绍给客户。

然而，这些所谓的优点并不是客户所关注的，客户关注的是卡车的实用价值，购买后能否帮助自己赚到更多的钱。

从这个案例中，可以总结得出：销售人员在介绍产品时，最好是多结合客户需求去介绍，客户需要了解什么，就有针对性地介绍什么，否则，势必会引发一大堆异议。

那么，具体应该如何做呢？可以从以下两个方面入手。

（1）对客户需求进行摸底大调查

相对来说，产品的优势是固定的，而客户需求却是不断变化的，如何根据这些需求来进行产品介绍呢？这就要求销售人员首先对客户有足够的了解，然后根据掌握到的情况调整讲解的重点，适时地体现产品的某种优势。那么，在开始讲解之前需要了解客户哪些方面的信息呢？

①明确客户的身份；

②了解客户的价值观；

③挖掘客户背后深层的心理需求；

④体验客户的内心世界，站在对方的角度看问题、想问题。

这些客户信息的获得，一方面可以通过谈话获得，另一方面可以通过察言观色，思考分析获得。也就是说，在正式推销之前，有必要与对方进行一场深入的交流，并及时对谈话内容进行分析。

（2）定位产品特性

熟悉客户的需求之后，就可以有选择地进行推介。比如，某客户特别在乎产品的实用性，那我们就可以在介绍时重点突出产品的实用性特点；某客户注重产品的款式，介绍时则要突出产品隐含的时尚元素。一般来说，产品特性主要体现在以下方面。

①实用性。通常指的是产品的使用价值，也是客户选择购买的首要因素，对方能否认可该产品最主要的决定因素无疑是实用价值的大小。

②经济性。指的是产品的价格，大多数客户在购买产品时，价格成为一个重要的参考因素。相比之下，价格越合理，越容易获得客户认可。

③安全性。在推销工作中，安全性是衡量一个产品好坏的重要标准，如今人们已越来越重视产品的安全性，尤其是电器、易燃易爆产品，选购时安全性排在首位。

④健康性。随着消费观念的改变，消费者更关心商品的健康性，即是否会对人身安全造成危害。尤其是药品、食品、滋补品等，健康性是被关注的重点。

⑤美观性。"爱美之心，人皆有之。"在很多情况下，商品的包装、外观、样式对客户的购买意愿影响很大。

产品在这些方面的优势与客户的需求基本上是一一对应的，销售人员要学会根据客户的需求进行有针对性的介绍。客户重点关注什么就介绍什么，不需要的可以一句话带过，甚至完全可以暂时放置一边。

以上这两点工作做到位，完全可以应对"对产品缺乏了解"的客户的异议。要知道，很多客户既然能说出异议，说明对产品有基本的认识，只是出于谨慎心态不敢放心大胆购买。他们通常要求找一些专业人士、权威人士来做推荐。销售人员若能做好上述工作，无疑就充当了专业、权威人士的角色，促使客户购买也就顺理成章了。

 当客户对产品提出异议时，暂且不要争论此话是不是推脱的借口。最重要的是抓住这个契机进行推销。索性相信客户的话，不妨认认真真对产品做一番介绍，即使最终证明真的是借口，也争取到了再次推销的机会。

5.5 避开价格谈价值，化解客户对价格的异议

> 佚名　销售就是要将产品从"价格贵"，转变成"特别值"。

价格，永远是买卖双方最容易发生异议的地方，对于销售人员来讲，谁都想产品卖个好价钱；而对客户来讲，物美价廉永远是最高期望值。因此，销售人员与客户在价格上产生异议时，需要懂得一些沟通技巧，否则只能不欢而散。

那么，如何来化解这一矛盾呢？最有效的方法就是避免单纯地讨价还价，而把产品的潜在价值透露给客户，削弱他们对高价的抵触心理。

案例 3

一位收藏爱好者走进一家木雕店，对一个小型的木雕产生了兴趣，然后看看价格，对店主说："这个木雕是按照标价出售吗？"

"对，售价2万。"

收藏爱好者吃惊地问："这是黄花梨吧。"

店主说："正宗海黄。"

"我对木雕已经研究多年了，从没见过这么贵的。"

"木料是一方面，最重要的是你看看它的雕工也是非常独特的。"

紧接着，店主就讲起了这种木雕的手工工艺特点等，并且对这款木雕的未来升值空间做了一番点评，一番话使得本来就看好这款木雕市场前景的收藏爱好者更加坚定了信心。最后这位收藏爱好者尽管仍感到有些价高，但也就半推半就地购买了。

上述案例中，这位店主推销成功之处就在于他没有在价格上死缠烂打，而是将话题转移到"价值"上来，并且进行细致的分析，提供更有力的证据，证明木雕的价值所在。所以，面对客户的价格异议，销售人员没必要砍价还价，如此只能陷入无休止的嘴仗中，白白浪费时间和精力。

若想彻底打消客户对"价格"的异议，还需要认真分析客户当时说话的心理。一般来讲，客户认为"价格过高"存在3种情况：一是缺乏购买力；二是表明自己的眼力，证明自己的知识和智慧；三是以此为借口，企图获得更大的降价空间。

通常来讲，怀有第三种心态的人较多，而我们销售时针对的人群也是第三种，因为他们的购买意向最大，只不过在购买之前，总会给销售人员制造麻烦。作为销售人员，不到非不得已的情况下，也没必要做出让步，最关键的是突出产品价值所在，降低他们这种心理期望。

（1）分析产品，明确价值

价值决定价格，产品的价格与价值永远呈正比，价值高的产品价格也一定会高。当客户对价值较高产品的价格有异议时，销售人员就要分析产品，明明白白告知对方产品的价值所在，让对方了解实际情况。比如，一位用户问："这个木雕2万元，太贵了。"销售人员可以这样回答："你想想，这是一项回报率非常高的投资，现在投资2万元将来可能会翻几倍不止。"

（2）对比强调，突出价值

对于那些有购买意向，但又对价格斤斤计较的人，最好是列举出同类产品的价格，进行对比。如果产品在这方面占据优势的话，销售人员一定要充分利用起来，因为这些很可能直接使你所推销的产品获得"芳心"。以同样的问题为例："这个木雕2万元，太贵了。""××先生，由于少了一部分运输费用这个价格在同类产品之中绝对是最便宜的，如果你到内地购买价格只会高不会低。"

（3）将价格化整为零

将价格化整为零是一种推销技巧，这也主要用于那些有购买意向，但又对价格斤斤计较的人。化整为零的价格会给人一种心理上的误差，在推销的时候，只要你调整一下价格标注方式，让对方在心理上有个缓冲，往往比较容易成交。

比如，某客户在为孩子选购一套书，每套410元。你完全可以采用这种方法："您想想，这个系列的图书分为4套，每套5本，共20册，这样每本只合20多元，如果您以后分册购买，每本的定价是26元，一下子就会多花费100多元。"

> **小贴士** 大多数销售人员遇到客户对价格有异议,就迫不及待地展开讨价还价,这是非常不可取的。如果遇到十分讲究的客户,甚至认为你有虚报价格的嫌疑,反而会给对方留下不良印象。正确的做法是坚守底线,用产品的价值来改变客户的看法。

5.6 避免言语冲撞,客户越激动你越要冷静

美国 本杰明·富兰克林

> 如果你老是抬杠、反驳,也许偶尔能获胜;但那是空洞的胜利,因为你永远得不到客户的好感。

在与客户发生冲突时,最好的态度是沉着冷静,切不可进行言语攻击。客户越冲动,你越要冷静,以平息客户心中的怒气。如果进行言语攻击,反而会适得其反。

美国的一家保险公司就为销售人员立下了一项铁则:"客户的心意不会因为争论而改变,不要争论,真正的推销精神不是争论,而是据理力争。"与客户争吵可谓是有百害而无一利,对方不但不会再购买你的产品,而且还会影响到自己的声誉。在推销中,销售人员应该承认"客户总是有理"的原则,避免与客户发生直接的冲突。

案例 4

齐秉声是某餐具生产公司的销售人员。一天,他刚刚与客户王经理签了订单回到家,就接到了客户的电话,客户满腔怒气,言辞激烈,要求退货。齐秉声听得一头雾水,还没搞清楚怎么回事,对方就挂掉了电话。

他怀着满腔不解重新回到客户办公室,本想与客户争辩一番,就在叩开办公室门的那一刻,他抑制住了自己的愤怒。他想,如果自己坚持争辩,对客户推卸职责,那必将会激化矛盾,使事情变得更加复杂。目前,最重要的还是先了解情况。齐秉声抑制住了心中的怒气,放松心情,面带笑容地走进了客户的办公室。

客户一看到他，就从椅子上跳了起来，一个箭步冲到他面前，把齐秉声数落了一顿，并坚持要退货。原来，客户在卸货过程中发现产品中掺杂着次品，这些产品明显是不合格的，心中顿时蹿起怒火。

齐秉声听完客户的话，不气不恼，平静地看着对方，然后慢慢地走到客户跟前。也许是齐秉声不愠不火的态度令客户惊奇，客户突然停止了指责，最后点起了一支烟，用稍显平和的语气说："这批货这么多问题，现在你看怎么办？"

齐秉声平静地说："我愿意按照您的意愿去办这件事。您花了钱，当然应该买到满意合格的东西……"

客户听到这句话，怒气立即消了一半，然后接着又问："可是事情总得有人负责才行，谁来负责呢？"

齐秉声说："是的，我提供给您的产品有一些缺陷和不足，这件事情我的确不清楚是怎么回事。您能否给我一天的时间，回去调查一下是哪个环节出现了问题？我们公司愿意按照您的要求尽快返工。"

客户见齐秉声言之有理，也客气了很多，心情完全平静下来了，似乎已经意识到了自己发脾气是没有任何用处的，便说："好吧，按原计划执行，希望以后别出任何差错！"

齐秉声只用几句话，就平息了客户的怨气，重新获取了这笔订单。此事传到公司里，领导大大地赞赏了齐秉声的行为。

销售人员在面对客户的怨言和不理解的时候，一定要保持冷静，即使是有怒气也要控制住，绝对不能与客户发生正面冲突。在推销过程或商业谈判中，销售人员最大的忌讳就是与客户发生争论。遇到与客户争吵的情况，该怎么办呢？既不能忍气吞声，唯唯诺诺，更不能与客户展开争辩。因为争吵起来，无论输赢，对销售人员都是不利的。即使赢了，你伤了客户的自尊，对方自然也不愿再与你合作。

当客户愤怒的时候，销售人员应该真诚地关心对方，热忱地鼓励对方，把客户当成知心朋友一样对待，取得客户的信任。只有这样才有利于化解双方的矛盾。

要想避免言语上的冲突，最根本的还是养成良好的说话习惯，并且时刻注意自己的言行。

（1）养成良好的说话习惯

不良的说话习惯会影响到你在客户心目中的形象，无论什么时候，客户更愿意购买有良好说话习惯的人的产品。即使今天不买或仅买一点商品的客户，明天未必就不买大件商品。如果客户受到无礼对待，势必不愿再来，那样则会真正地损失大批回头客。退一步说，即使客户真的不买大件商品，真的没钱，销售人员也应坚持一视同仁。一旦顾客对你产生了好感与信赖，接受你的产品也就容易得多了。

（2）有意识地注意自己的言行

在销售活动中，销售人员的说话行为是否得当对客户的影响非常大，很有可能决定销售的成败。在与客户交流的时候，千万不要带口头禅。尤其是在谈话时间较长的情况下，很多销售人员就有这个毛病。有的人一开始比较注意，但做到始终如一的人却非常少。一份调查显示，能把礼节做到前面的销售人员可能占到100%；而自始至终保持一致的人可能不到30%。

> **小贴士** 讲话不得体，难免会遭到拒绝，这样的被拒很容易失去客户的信任。如果因为某一次交流受阻，没达成最终协议，客户就态度大变，爱搭不理，那么可以想见销售人员在对方心里很可能是个没有素质、不懂得礼仪的人，最起码不是个合格的销售人员。

5.7 善于比较分析，用产品优势抵消客户异议

佚名 　　有对比才有区别，有区别才有取舍。

"不怕不识货，就怕货比货""货比三家"，有比较才会有区别，有区别才会有取舍，通过比较分析容易买到更好的产品，每个客户都懂得这个道

理。因此，绝大部分人在决定购买某一产品前，都会与同类产品做一番比较，比价格、比质量、比款式……比来比去，问题就出现了。张家的比李家的价格便宜，王家的比刘家的质量好，等等。

遇到这种情况，销售人员与其试图阻止对方，还不如去帮助对方比较分析，这样做一方面可以使客户对你进一步产生信赖，另一方面可以在接下来的谈话中占据主动。

案例 5

秦帆是某家具商城的推销员，她向客户推销一款组合柜家具，客户看到这里的标价比别处的贵很多，准备离开。

秦帆见状，走上去对客户说："为什么不多了解了解呢？"

客户："你们这里价格为什么比别处贵那么多？"

秦帆："我们可以坐下来谈谈吗？"说着将客户带到体验区。

"一分钱一分货，咱们可以看看这木料、烤漆都是上乘的，还有做工方面也是非常精细的。"

客户："从外观来看，的确有些不一样。"

这时，秦帆拉开组合柜展示给客户："您看，我们柜子的内部空间更深、更大。您也知道，普通的尺寸是……而我们至少要比普通的大100毫米。你再看这些拉门……"一席话使得客户不住地点头。

秦帆继续说："我们在设计上也是别出心裁，两个抽屉配有暗锁，这样如果您放一些较贵重的东西就非常安全了，这是其他组合柜没有的功能。这一比您就知道，我们产品无论哪方面都比其他的占优，所以说您多花上一点钱是值得的。"听了秦帆这番介绍后，客户也就不再犹豫了。

在实际生活中，像案例中这样的客户非常多，总爱比来比去。这时，作为销售人员要去帮助对方去分析，而不是盲目地回敬对方。毕竟，大部分客户对产品还是缺乏深入了解的，只根据表面看到的东西做判断，因此销售人员应主动帮客户去分析，将客户看到的劣势转化为优势，从而化解客户异议。

把自己所推销的产品与同类产品做比较，通过对比，更能突出产品在某些方面的优势。这无疑就向客户传递了"物有所值"的信息，"我们的产品是优质的"，这样更有利于客户自己做出选择。那么，在具体阐述过程中，如何去对比呢？

（1）选择对比的参照物

对比必须有一定的参照物，否则就失去了对比的意义，而参照物并不是臆想出来的，而是实实在在存在的。这样，理解起来更具体、更形象、更有说服力。比如，销售人员在向客户对比的时候，就要明确强调我们与哪个产品在对比，该产品的品牌、生产厂家、生产日期等，这些明确的字眼都会让客户信服。

（2）确定对比的重点

在进行对比时，一定要清楚对比的重点，是价格、技术、款式还是品牌效应，如图5-4所示。总之，一定要善于挖掘自身优势，用自身优势去与对方产品的劣势进行对比。

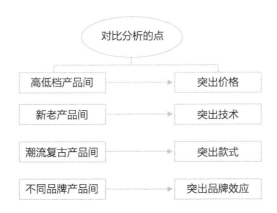

图 5-4 产品之间对比分析的 4 个点

（3）确定对比的方式

①横向比较。横向比较用于同类产品之间。同类产品由于有很多相似性，因此在比较时只能横向进行。比如，甲产品比乙产品在设计上更人性化、性能更齐全等等，通过这样的比较突出甲产品在设计或性能上的优势。

②纵向比较。纵向比较用于不同产品之间，指的是在某一标准的基础上，不同产品之间进行比较。比如，客户比较看重产品的价格，甲、乙两个品牌就针对价格进行比较；客户看中品牌效应，就在普通品牌与名牌产品之间进行比较。这种比较法必须有某一具体的比较标准，比如，比较性能就不能按照规格、制作材料等标准来衡量。

值得一提的是，在进行对比时，尽量在同类产品之间进行，避免不同类的产品进行比较，因为很多时候不同类产品缺乏明确的衡量标准。

> **小贴士** 在做对比分析时有一点非常重要，那就是对参照物（对方的产品）要有一个深入的了解、客观的评价。倘若你对对方的产品了解不够，对比起来就会有偏颇，从而也就失去了客观公正性。

5.8 适当让步，用事实证明你的诚意

> 佚名　懂得让步的人，把决定事态走向的主动权握在了自己手上，死撑到底的人，往往都成了孤家寡人。

很多时候，客户会抓住产品的一个小小劣势，刻意制造麻烦，迫使你做出让步。客户这样做的目的就是在试探销售人员的诚意，加大自身的谈判砝码。在这种情况下，如果你能意识到客户的这种心理，不妨在不违背原则的前提下，做出一些让步。在当今这个买方市场环境中，销售人员大多数时候处于非常被动的地位，不妨放低姿态，主动示弱，反而更容易化被动为主动。

――― 案例 6 ―――

小松是某外贸公司的销售经理，在与美国某客户的一项贸易洽谈中，他就巧妙地运用了以退为进、善于示弱的策略。

美方向小松所在公司购进一批机器设备，已经达成初步意向，这次谈判就是商定具体的交易价格。

谈判一开始，美方就要求中方作为卖方主动报价，陈述购买的具体情况。小松镇定地说："经过商定，这批机器的市场价为每天12000美元，5台总共60000美元。"

当中方表达了自己的想法之后，美方代表认为价格过高，要求降价，并表现出了强硬的态度。经过几轮谈判，对方始终不肯做出一点让步。为了促成这笔交易，小松等中方代表主动示弱，同意了对方提出的降低1个百分点的要求，看其究竟要怎样。

小松尽管已经做出了让步，但美方在签合同前，又提出中方应该承担运费问题。由于合同中没有规定谁负责运费问题，美方代表钻了这个空子，而且提出这个要求时非常傲慢："这批货发自中方，我们认为应该由贵方派船只运送，你们认为怎么样？"

此时，小松表现得十分冷静，静静地坐在椅子上，只说了一句话："这样吧，这个问题我会慎重考虑的，不过此时无法给你准确的答复，我必须向总公司申报。现在正值中午，我看这个问题我们下午再做商讨怎么样？"

美方代表同意暂时休会，并说："好了，我是不会再重复这些问题了，利用中午休息时间，我希望贵方好好考虑一下，下午听你们的意见。"

下午，小松同意承担运费，双方签订了合同。

其实，小松对于运费的问题已经心中有数，本可马上答应美方，但为取得更好的效果，让自己的让步显得更有价值，就故意卖了个关子。同时，搬出总公司给对方施压，也可以很好地抑制其再次提出更多要求。

以退为进是一种销售策略，销售人员在与客户发生分歧的时候，适当地示弱可以争取更多的考虑时间，从而为接下来的谈判做更多的准备。尤其是对待那些比较强势、虚荣心强的客户，适当让步可以给足他们面子，满足对方虚荣的心理。

在销售过程中，销售人员总会碰到一些客户，他们直截了当地表达对产品的不满，斤斤计较，分利必争。碰见这种情况，销售人员就要善于示弱，适当地做出一些让步也是必要的，以避免与客户发生正面冲突，降低对方的攻击性。要知道，在推销过程中，最忌讳的就是当场与客户争吵起来，一旦出现这种情况，无论你是占据主动还是被动，是有理还是无理，通常都有可能失去这笔交易，失去这个客户。

在与客户沟通的过程中，双方出现价格分歧是不可避免的，这时候，销售人员很容易说出一些不恰当的话来，这会使原本就存在的矛盾激化。所以，当你无法容忍客户的价格异议时，不妨来一点示弱，足可以化解当时紧张的气氛。

因此，销售人员在与客户发生价格异议的时候，首先退一步，让对方感到在心理上占了便宜，然后再相应地一点点地加砝码，逐渐提高到预期。

（1）明确双方的情势

销售人员在与客户展开谈判的时候，不仅要考虑自己的最大利益，也要考虑客户的实际需求和沟通心理，明确双方的情势，对自己和客户的利益得失进行充分考虑。作为一名销售人员，必须明确地知道，自己与客户之间既存在着相互需求的关系，又存在着一定的矛盾。但是，只要你能时刻关注，并把握客户的这种需求，然后，在某些非原则问题上做出让步，这种矛盾就可以得到缓和，最终得以解决。

（2）占据主动，适当让步

在谈判中，让步是必要的，但是并不能盲目地让。让步前，要以摸清对方真实意图为前提。一定要有原则和底线，知道让步之后能获得更大的回报。这就需要销售人员一定要揣摩清楚对方的真实意图，掌握谈判的主动权。知己知彼，百战不殆，只有对对方有清晰的了解之后，才能确定以什么方式对待。暂时离开谈判桌，以退为进，达到目的，就是常用的一种。

这些示弱的表达方式看似是在向客户妥协，事实上，销售人员也表现出对客户的尊敬，客户会感到满意。因为没有人会对一个尊敬自己的人撒气。每个人都喜欢和有礼貌的人打交道，而且交谈的时间越长，他们就会越高兴。所以，有时候可以在语言上表示出弱势以换取对方的信赖。

> **小贴士** 示弱是一种谈话策略，但不等同于降低自己的身价来讨好客户。说话的时候一定要不卑不亢，有理有据地使对方折服。有很多客户有真实需求，但往往会提出一些无理的要求，并且态度强硬。销售人员觉察到这种情况之后，就应该当机立断，适当地做出让步。这样，既能暂时让客户放松对你的敌对情绪，又能争取到更多的谈判时间。

第 6 章

关键 6:
消除客户疑虑,
让客户找到购买产品
的理由

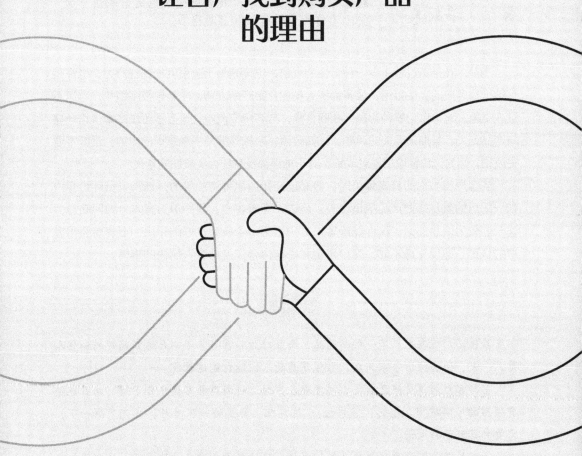

在购买过程中,大多数客户都会心存这样或那样的疑虑,这些疑虑大大阻碍了购买行为。所谓疑虑,就是害怕承担风险和责任,害怕自己的利益会受到损失。如果你消除了客户心中的这些负面想法,你的业绩自然会相应提升。

6.1 坦诚一点，会让客户更安心

美国
戴尔·卡耐基

> 如果你是对的，就要试着温和地、有技巧地让对方同意你；如果你错了，就要迅速而热诚地承认。这要比为自己争辩有效和有趣得多。

当前，在推销过程中有一种奇怪的现象，也许是为了吸引客户的注意力，也许是害怕遭到客户的直接拒绝，很多销售人员在介绍产品之前，总是做很多铺垫，迟迟不进入主题。无论出于哪种心理，在商言商，与客户交流中，千万不可过多地谈论一些与产品无关、与推销无关的话题。比如政治、宗教等涉及主观意识的内容，最好不要去议论，因为无论你说的是对或错，对于推销都没有什么实质性的意义。

当客户得知你即将来拜访时，势必已经知道你拜访的目的，销售人员拜访客户唯一的目的就是想把产品推销出去。所以，面对客户，最好单刀直入，说明来意，说一些较为诚恳的话。这样能给客户心中留下一个较为良好的印象，更容易获得客户的认可。即使交易不成，客户也会觉得与你合作是件令人愉快的事情。

案例 1

某医药厂现在生产了一种新药品，而且疗效非常好。小刘是这家药厂的销售人员，一天，他去拜访一家药店，希望药店的老板能订购这批货。

当与客户简单交流之后，小刘发现客户对这种新药并不是十分了解，而且也没有强烈的了解欲望。这时，客户说："这样吧，你先留一张名片，我先了解一下，需要的话给你打电话。"

小刘知道，客户这样说只是敷衍之词，目的是希望自己尽快离开。小刘灵机一动，既然对方想"了解"，不如直接向其详细介绍一番，说不定还有转机。

于是，小刘说："这药是我们厂的最新产品，由于疗效不错，刚投入市场便受到了专家和用户们的普遍好评。"小刘一口气对客户讲解了这种药品的性质、效果及市场行情等信息。

"我只是在电视、报纸的广告上了解到了一些大致情况，但不敢肯定这种药品的效果。"客户淡淡地说。小刘了解到这种情况之后，继续说："这种药品采用科学配方精制而成，对治疗××病确有很好的效果，经临床试用，治愈率达95%以上。现在我们的厂家已经收到了许多使用这种药品而病愈的用户的感谢信，他们都充分肯定了这种药的作用。"

小刘这样一段话深深地吸引了客户，客户随之与其攀谈起来。小刘见客户的态度较先前已经有了很大转变，便再向他强调现在就应抓住时机购买。

至此，客户已经没有什么可犹豫的了。

坦诚是一名销售人员必须具备的素质，在与客户交谈时，要表现得真诚一点。尤其是在遭到客户的拒绝之后，更应该坦诚相待，把想说的话明明白白讲给对方听。这样，更容易给客户留下一个好的印象。这种印象一旦在客户心中形成了，将对以后的推销及下一次的交易有很大的帮助。

有的销售人员也许会反驳这一观点，认为许多经验指出在拜访客户之初不宜直接推销产品。其实不然，瞻前顾后、拐弯抹角反而可能让客户认为你根本没有诚意，从而增添客户对你的不信任感，拉大了你和客户之间的距离。所以，在运用这个策略时必须掌握说话的技巧。

（1）适时强调

众所周知，卖东西和做其他事情一样，有个时机问题，如能把握时机，按计划进行，那么一定能很顺利、很安稳地办好事情。因此，在推销过程中，要注意强调推销的最佳时机，使客户感觉如果现在不买，将来就可能会后悔。这样，即使客户面对当时不需要的商品，也可能会先把它买下来，以免将来后悔。

在你强调购买的最佳时机时，必须向客户介绍当今这种商品在市场上的行情，生产这种商品的厂家的情况及客户对这种商品的需求等方面的信息，让客户觉得你说的是有根据的，是在分析多方面信息后得出的结论，否则客户很难相信你。

（2）尊重对方

每个人都希望得到对方的尊重，受到别人的礼貌接待。作为推销人员，应该理解客户的这种心理需要，主动去满足客户的需要。

销售人员不应向客户说："您买了我们的保险后一定会感到愉快。""您买了我们的保险后一定会感到满意。""您买了我们的保险后会得到极好的售后服务。"……客户听到这些话的第一反应就是要掏钱（掏钱让人心烦）。

不管你推销的是什么产品，销售人员永远不应对客户提出的问题或疑惑说

"不"。即便真的不知道如何解决，销售人员也可以这样对客户说："请稍等一会儿，我帮您找一找。""如果您需要的话，我可以介绍您到其他商场。"这样，会让客户有一种被尊重、被关心的感觉。

推销商品时，为了表达对对方的尊重，赢得对方好感，你可以这样说："我这个人一向不太喜欢给不熟悉的人下结论，不过对您我确实可以这样说，您是我遇见的客户中最好的一个。也许您会认为我说这话是为了推销自己的商品，但请您相信，不管您对我的商品怎么看，是否愿意购买，这些都对我不太重要，我仍然觉得您是我遇见的最好的客户。与您合作、谈交易，我觉得是件很愉快的事。我真的很乐意跟您交朋友、谈交易，尽自己的微薄之力。跟您合作，我觉得我的工作都变得轻松愉快，谢谢您。"客户心里就会认为你是个真诚可靠的人，也就愿意跟你做交易了。这之后，你就可以继续进行商品介绍说明。而此时客户也愿意听你的讲解，仔细了解你的商品，与你做这笔交易。

小贴士 上天对每个人都是公平的，你怎么对待别人，别人就怎么对待你。只要我们先行动起来，坦诚一点，客户同样会坦诚对待我们，从而创造双赢的局面。

6.2 给出一个购买理由，更容易赢得客户支持

美国 彼得·德鲁克

> 少说一点产品的诞生过程，多说一些它能为客户做什么。

许多销售人员在争取订单时，往往会有一种心得，即只要反应够机敏，只要把客户的反对意见灵活地转变为促进成交的因素，就可以想办法把客户的反对意见转变成购买的理由，就可以促使客户迅速签单。这就是我们通常所说的锐角成交法。

这种成交法的实质其实就是借力使力，即借助客户提出的反对意见，把客户提出的反对意见转换为促进购买的理由，最后再把这种力量传达给客户，从而达到促成订单的目的。

一个销售人员在向经销商推销产品时，经销商提出了销售人员无法解决的问题，几乎导致销售无法进行，但是，如果销售人员巧妙地把经销商的反对意见变成经销商进货的理由后，经销商往往不得不心悦诚服地签下订单。

案例 2

叶莎是一所商业课程培训学校的推销员，课程主要针对公司管理人员。一天，她去拜访客户王先生，想把这项课程介绍给他。

按照约定时间，叶莎来到客户办公室。她在做了一番自我介绍之后，便开始介绍这个课程。客户坐在办公椅上，一边听着，一边打印一份资料，显得不够专心。

叶莎虽然看出客户满不在乎的态度，但还是耐心地把课程介绍完了。令她费解的是这位客户听完之后，马上对课程进行全盘否定：听课有什么用，要是有用的话都去上课好了，何必苦苦找客户。

叶莎认为也许是客户没有意识到课程的重要性，于是又重新将重点做了一些介绍，并非常客气地征求对方的意见。这次客户态度更加令人捉摸不透，既不表示同意，也不表示反对，只顾做自己的事情。

叶莎看到客户不冷不热的态度，只好直接说："您不想参加这个课程，是吗？"

客户无精打采地说："哎呀，这种课程，我自己也不知道是否想要参加。"

叶莎是位老业务员，有丰富的经验，凭着直觉觉得这并不是客户的真心话，只是随便搪塞自己的话而已。

此时，叶莎站起身准备离开，并对这位客户说："王经理，在走之前，我决定对您说一些话，可能您不喜欢听，但对您以后必定有帮助。"

客户听到这句话，大吃一惊，看着站在自己眼前的这位弱不禁风的女孩，满脸疑惑。

叶莎接着说："看看办公室这脏兮兮的地板，凌乱的办公桌，满是灰尘的墙壁，还有您的衣服、胡子，很久没有整理过了吧。在我的想象中，您不应该是这样的人。请记住，我们学校不接受不思进取、上进心不强的学员。现在即使您缴学费我们也不会接受。因为我现在可以断定，您的不负责任、犹豫不决无法让自己圆满完成学业。"

客户听后，眼睛瞪得大大的，呆呆地坐在椅子上，似乎因为这些尖刻的话想进行辩解。因为叶莎的话深深地点中了他的软肋——逃避责任，无法做出决定。

当叶莎说完这些话，走出去时，客户追了出来，并请她再次进来。客户说道：

"刚才我的话不是有意要伤害你,现在可以谈谈你的培训计划了。"

叶莎看到客户的语气缓和了很多,也微笑着说:"刚才我的话也重了些,我深表歉意。"接下来,他们的谈话和谐多了。

后来叶莎才了解到,原来这位客户事业上刚刚起步,组建了一个房地产租赁公司,全公司上下只有3个业务员,订单少得可怜,正在为公司惨淡的前景发愁。

鉴于此,叶莎向客户推荐了一个初阶管理类课程。看到计划后,客户非常感激,并说愿意接受叶莎的劝告,去改变自己。

案例中叶莎推销成功的原因在于,准确地把握了客户的心理,将客户的反对意见巧妙地转化为购买理由。很多时候,客户之所以提出一些反对意见,本意并不是真正拒绝,而是别有他意。这就需要销售人员对他们的需求进行深度挖掘,瞄准需求介绍产品,凭着对产品独特的见解,取得客户信任。

销售人员要善于在客户提出的反对意见中寻找突破口,巧妙地把客户的反对意见转换成购买理由,具体技巧如图6-1所示。

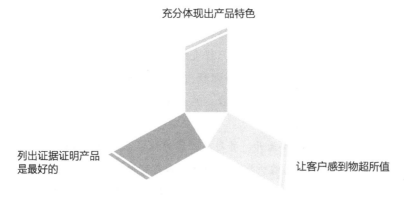

图6-1 把客户反对意见转换成购买理由的3个技巧

(1) 充分体现出产品特色

任何一个产品都有自己的特色,即本身的优势及与同类产品之间的差异。在遇到理智型的客户时,销售人员一定要时时体现出自己推销的产品的特性,也就是让客户感觉到你的产品能够满足他们的要求,有值得购买的价值。比如,客户先前的合作商所提供的产品更新换代速度慢,而自己所推销的产品在性能上更先进、价格上更优惠、质量上更可靠。这些内容也许客户并没有意识到。这时,你就要明确地告诉客户,只要客户意识到什么对他更有利,就会选择那一个。

（2）让客户感到物超所值

针对有疑虑的客户，销售人员要让他们意识到这个产品真的有利于他们，此时不买将会错过机会，让他们意识到购买该产品是物超所值的，否则很难诱使他们购买。

（3）列出证据证明产品是最好的

面对犹豫不决的客户，无论他们出自什么原因，唯一要做的一点就是，要证明你的产品的确是最好的。可以从使用材质、市场评价以及它将为顾客带来的便利及益处等方面列出证据来证明。

> **小贴士** 给客户一个购买理由，是巧妙地把客户提出来的各种反对意见转换成相应的购买理由的一种促成订单的方法。这种把反对意见转换为相应的购买理由的方式就如同几何学中将一个锐角的任何一条边延伸可以转换成钝角一样，因此被人们形象地称为"锐角"成交法。

6.3 走进客户内心，了解他们的忧虑

中国 冯雪峰：对方内心的困惑是最大的隐患，他人心中充满困惑时，必须发泄出来。

任何客户在做出购买决定之前，都会犹豫不决，考虑再三。面对犹豫不决的客户，大多数销售人员可能会抱怨、气愤，但是抱怨、气愤是不管用的。作为销售人员，这时需要做的是深入客户的内心，找到他们之所以忧虑的真正原因。只有找到忧虑的真正原因，才能逐一地解决，实现最终目的。

一个人非常喜欢某物或某人，却又犹豫不决，从心理学上分析，这是希望得到更多帮助的一种心理表现。客户在购买过程中表现出来的犹豫也是出于这种心理，这时，销售人员就应该学会引导客户，鼓励他们说出内心的忧虑。

想客户之所想，急客户之所急，在任何时候，销售人员都要走进客户内

心，千万不可被表面的假象所迷惑。必要时，还要为客户提出一个切实可行的解决方案，帮助客户消除内心的困惑。

案例 3

一位销售人员在向客户推销产品时，发现客户对产品有一定的购买意向，但就是迟迟不愿意签单。

销售人员说："既然您真心喜欢我们公司的产品，您也没有什么异议，那么就请您签一下单子吧！就在这里写下您的名字。"

通常，在这种情况下，客户都会很快地在订单上签下自己的名字。但是，这个客户却说："我再考虑考虑。过几天再说吧。"

听到此话，销售人员以理解的口吻说："买东西就应该像您这么慎重，要先考虑清楚。看来您对这个产品还是很有兴趣的，不然您不会花时间去考虑，对吗？"

客户听了销售人员的话，也不好意思说"不对"，便接着点了点头。

趁此机会，销售人员又紧接着说："我只是出于好奇，想了解一下您要考虑的是什么，是我公司的信誉度吗？"

客户听了后，也不好意思说销售人员所在公司的信誉不好，因为没有证据说他们公司的信誉不好，便回答说："哦，你们公司的信誉不错。"

接着，销售人员又紧逼一句："那是我的人品不行？"

很显然，任何一个人都不会当着某人的面说他的人品不行。客户听到销售人员的话后，就赶紧说："哦，不，怎么会呢？我对你这个人还是很欣赏的。"

销售人员说："既然这样，您还有什么疑问呢？您说说，我马上帮您解决！"

此时，客户想了一会儿说："其实也没什么，我只是担心质量……"

销售人员迅速、果断而又坚决地说："这个您放心。我们公司产品的质量绝对没问题。这样吧，为了我们第一次合作完满成功，我向您承诺，亲自送货上门，免费帮您安装，并承诺免费保修3年。这个条件够优惠的吧？"

客户听到这些，心中的疑虑减少了很多，不由得点头表示认同。

销售人员趁机把订单推到客户面前，请他写下自己的名字。客户见此情景，只好迅速地签下了自己的名字。

步步逼近是销售人员促成订单的有效方法之一。在销售过程中，销售人员恰当运用好步步逼近的技巧，不断发问，让客户说出他所担心的问题，然后帮客户解决疑问，能够很自然地获得客户的订单。向客户推销，不但要向客户展示产品的优

点，还要帮助客户确定购买意向，提出解决方案，让客户感到有你在就没问题。

在向客户推销产品的过程中，任何一点疑虑都可能成为客户拒绝购买的理由。如果不能及时、敏锐地感受到客户的这种心理，很有可能失去这个客户。所以，当客户有疑虑时，销售人员必须倾听客户内心的疑虑，与客户深入地交流，力求消除这些疑虑。

那么，当客户有疑虑时，销售人员该如何来处理呢？具体操作流程如图6-2所示。

图6-2 销售人员处理客户疑虑的4个步骤

（1）认同客户的疑虑

很多时候，客户之所以有疑虑，是因为缺少认同和理解。面对这类客户，销售人员要力争为他们创造一个好的渠道，让客户把不满发泄出来。客户的任何疑虑都是有原因的，既然表现出来了，就要表示认同和理解，以积极的态度去解决。

（2）对存在的问题表示歉意

销售人员对客户的抱怨要表示理解，并适当表示歉意，表明愿意负责的态度。此时的道歉一定要让客户感受到你的诚意，避免无谓的争执，否则只能使矛盾激化。

（3）认真倾听，记录在案

客户的抱怨对销售是非常有价值的，因为客户在表示不满时常常会提出相关的意见和建议。销售人员一定要重视客户的这些表现，认真倾听，把重要的地方记录下来。记录下客户的意见是对客户最大的尊重，只有给予客户充分的尊重，他们才能感觉到自己的抱怨有价值，只有让他们感到有价值，怒气才能逐渐消去。

（4）采取积极补救措施

找到了客户犹豫的原因，就要及时地采取补救措施。制订一个完备的方案，同时征求客户的同意，说明方案的处理办法并解释为什么决定用这种方法，然后尽早实施。对于自己无法解决的问题，就要与相关人员通过协商解决。

> **小贴士** 在推销中，客户的犹豫不决更多的来自对产品的不了解。正是因为对产品缺乏足够的了解，客户才会有忧虑的心理。面对这种情况，销售人员一定要保持冷静，耐心倾听，能当场解决的问题一定要解决，不能解决的要记录在案，向客户说明情况，力争获得客户的谅解。

6.4 利用从众心理，让大家为你的销售助力

> **佚名** 大多数人都爱赞同已被其他大多数人，或某个群体中大多数人所接受的产品或服务。

"从众心理"是一种常见的心理学现象，在心理学上的解释是：个人在受到外界人群行为的影响后，自己在判断、认识上会表现出符合大多数公众舆论或多数人的思维方式、行为方式。由此可见，从众心理是大部分个体普遍存在的。在外界的影响下，很少有人能够保持独立性、不从众。所以，销售人员应该了解客户的这种心理，借助外界大众的力量来影响个体客户的购买行为。

我们都见过这样的一种情景：

当某商店门口排了一条长队，路过的人也容易随之加入排队的行列。因为从众心理常表现为：既然有那么多的人在排队，就一定有利可图，不能错失良机。如此一来，排队的顾客会络绎不绝，队伍越来越长，而在这条队伍中，多数人可能并没有明确的购买动机，只是在相互影响、相互征服，即顾客宁愿相信顾客，也不愿相信自己，更不愿相信销售人员。既然顾客有这种爱好，推销人员就可以营造这一氛围，让顾客排起队来。

在众人的影响下，队伍不一定是有形的，但在心理上是有形的。其实，的确是这样，在购买过程中，很多客户会把大多数人的行为作为自己的参

照。比如很多人围观一件商品，如果没有人购买，其余的人也都是看看，凑热闹。但是，只要一个人开始购买，那么，其他人也会纷纷去购买。这种现象被称为"从众现象"。从众成交法就是利用人们的这一社会心理创造出一种众人争相购买的氛围，促使客户迅速做出购买决策。

案例 4

一位推销燃油锅炉的销售人员听说某大型公司要购进一批锅炉，于是，一大早就去拜访这家公司的负责人。不承想，他一到该公司的采购部，就发现有好几家锅炉生产商的销售人员正在排队等候，想必都是来向客户介绍自己公司的产品的。

这位销售人员心想，面对如此多的竞争对手，如何才能让自己的产品脱颖而出，引起客户的注意呢？他分析，按照常规的方法推销是不可行的，因为客户之前与自己公司没有业务上的往来，他是否会信任自己很难判断。

于是，他想到一个办法：在产品介绍材料里面夹了一份有关客户联系方式的单子。这份单子中的客户大多是这家企业的合作伙伴及客户。当这家公司看到这份单子后，果然对自己的产品进行了多方位的了解，并打电话询问了其他合作伙伴的使用状况。由于这位销售人员的产品在客户心目中一向较好，这家公司也很快对这位销售人员产生了信任，并购买了销售人员推销的锅炉。

案例中的这位销售人员凭着有力的"证人"赢得了这张订单。而这些证人无疑就是诱饵，帮自己搞定潜在客户。可见，利用从众成交法能大大提高推销效率，有利于促成交易。

人的购买行为虽然表现为一种个人行为，但是很多时候又受社会购买环境、社会环境压力的影响。这些外在的因素会影响到自身的购买动机。从这个角度上讲，人的购买行为又是一种社会行为。这也为销售人员充分利用这种心理效应扩大销售提供了更多的机会。推销人员利用人们的从众心理，可以争取到更多客户参与进来，更快、更有效地促使客户立即做出购买决定。

"从众心理"虽然是一种非常好的推销方法，但也具有很多不稳定性，比如盲目跟风、拉帮结派、利用托儿欺骗客户等，这些行为严重损害了销售人员的形象。因此，在利用从众心理做销售活动的时候应该坚守如图6-3所示的原则。

图6-3 利用从众心理做销售活动时应坚守的原则

（1）遵守职业道德原则

利用客户从众心理进行推销，最容易引起客户的好奇之心，但稍有不慎也是最容易引起客户反感的。当前为了吸引客户，商家拉帮结伙，欺骗客户，客户也对这种行为提高了警惕。因此，在利用从众心理的时候要严格遵守职业道德，守公德，讲信用。

（2）坚持实事求是原则

销售人员要想利用客户的"从众"心理，在讲解过程中必然会列举一些购买过产品的客户案例。值得注意的是，这些案例必须真实可靠，有一定的依据。既不要夸大事实，也不要随意捏造。否则，一旦被揭穿，客户就会产生被欺骗和被愚弄的感觉，这样销售人员将会失去成交的机会，永远无法从客户那里获得订单。更重要的是这种不良印象还可能会影响其他更多客户对销售人员的信任。

（3）差异化原则

现代社会是一个崇尚个性化的社会，很多客户同时也存在一种"叛逆"心理，不喜欢追随大流。所以，销售人员在利用从众心理时也应该注意到一点，并不是所有的客户都会受这种从众效应影响。对于那些喜欢追求与众不同的有个性的客户来说，利用从众心理来推销反而容易引起客户的反感情绪。在他们看来，"别人是别人，跟我无关。"因此，为吸引这部分客户，在利用从众心理推销时必须坚持差异化原则。

在销售中，客户的"从众"是一种非常普遍的心理，利用这一心理进行推销很值得广大销售人员学习和借鉴。因此，销售人员要善于把握和运用这种心理，化难为易，化被动为主动，促成交易。

6.5 寻找有权威的支持者，会增强客户对合作的信心

佚名 利用有号召力的顾客名单来促使成交。

对于销售人员来说，寻找权威的支持者是寻找新客户、扩大合作的重要途径。在推销过程中，如果有人能帮你在旁边"吹吹风""打打气"，比直接交流、盲目拜访要容易得多。研究表明：推荐生意的成交率是60%，也就是说，接触100个人能成交60个。相比之下，如果只靠自己单打独斗，接触100个人只能成交5~10笔生意。可见，被推荐的生意对你是多么有价值。如果你学会如何成功地获得他人的帮助，尤其是权威者的支持，客户的流失率就会大大减小了。

这也就是销售人员为什么要强调一定要有广泛的人际关系。著名的销售人员乔·吉拉德在他的自传中曾写到这样一句话："每一个客户背后都有250个潜在客户，销售人员若得罪一个客户，也就意味着得罪了250个客户；相反，如果能够充分利用每一个客户，也就得到了250个关系。"这就是乔·吉拉德著名的"250定律"。可见，在销售中，想要取得新客户的认同，需要老客户或者其他权威者的牵线搭桥。

案例 5

有一个年轻人，做一年多的人寿保险推销，却一直不如意，遇到了不少困难，以致意志消沉。于是，一天，他便去向销售大王弗兰克·贝格特取经。

弗兰克·贝格特对他说："回去找向你买过保险的客户，从每个客户那里你至少会得到2个客户。"半年后，他又找到弗兰克·贝格特，他说："贝格特先生，这些日子来我紧紧把握一个原则，就是不管面谈结果如何，我一定从每个拜访对象那

里至少得到2名新客户。现在,我已积累了500名准客户,比我自己四处去找效率要高得多。今年前半年,我已交出248万美元的保单。以我目前持有的保单来推算,今年我的业绩应该在500万美元左右!"

这个故事告诉我们一个道理,如果要把业务做好,一定要建立一个相互推荐的客户网。你曾经的老客户,你拜访过的人,甚至在一起聊过天、下过棋的朋友,等等,都是你开发新客户、开拓新业务的宝贵资源。因为,你想去拜访一个新客户,与一个新的合作者进行合作,在对方对你不是足够了解的情况下,双方往往需要更多的时间相互了解。这时,如果有一个权威性更强的人站出来说话,势必会起到牵线搭桥的作用,瞬间就会消除双方的心理隔阂,拉近双方的距离。

强有力的推荐人对销售人员来说,具有很高的价值。然而,有很多销售人员在这方面做得却不太好,在面对陌生客户时,往往不知道或者没有意识到权威者介绍的重要性。或者说,即使能得到他人的推荐,但往往是无足轻重的人,对新客户没有太大的影响力。那么在寻找支持者方面,哪些人才是销售人员更有力的推荐人呢?通常应符合图6-4所示的3个标准。

对方在业界有较高威望　对方与你有非同一般的关系　对方甘愿为你当推荐人

图6-4 选择推荐人的3个标准

(1)对方在业界有较高威望

推荐人首先要有一定的影响力,否则,不会对你的新客户有任何影响,即使他说的话很对、很有道理,对方听了也会当作耳边风。比如,在职位上有一定权力的人,在行业中有良好人缘的人。总之,寻找目标一定要对准对你推销有影响力的人。

(2)对方与你有非同一般的关系

销售人员本人与推荐人之间首先要有非同一般的关系,或买卖关系,或朋友关系,或亲戚关系。无论是什么关系,最重要的一点是对方愿意真心帮助你,以至可以不计后果。根据经验,这些人多半是与你本人关系较亲密的老客户、亲朋好友。这就需要销售人员平时要与他们经常保持联系,如果有恩于对方更好,这样对方基于报恩,在你需要的时候会愿意大力相助。

（3）对方甘愿为你当推荐人

只有那些既满意，又乐意为你宣传的人，才是你真正的推荐人。也就是说，这些人对你的帮助要是无私的。或者是对方欣赏你的工作态度，或者被你某一方面所感动，或者洞悉了你的心态和野心，总之他们愿意帮助你成长。如果能争取到这些人，推销时就更一帆风顺了。社会上有很多这样热心的人，他们有意帮助年轻人成长，但在寻找这样的热心人时你一定要用心，做一个正直、诚信、勤奋向上的人，用自己的努力及人格魅力去打动对方。这样别人自然愿意为你推荐介绍，以认识你为荣。

一般来说，客户在接触推销人员之前，都认为推销人员是油嘴滑舌之辈，靠不住。但当客户和你完成交易之后，他们的态度会发生180度的转变，觉得推销人员是诚恳的、踏实的、认真的。只有那些懂得欣赏你的知识、经验和判断的人，才会为你宣传。

值得注意的是，千万不要认为对方的推荐是理所当然的，这一点非常重要。有的销售人员，尤其是一些刚开始做销售的新人，往往不懂如何去获取外来的支持者。将欲取之，必先予之。即使是向自己的太太寻求帮助，也需要送上一束鲜花，或者一些令她开心的礼物吧。所以，如果你想获取那些权威者的支持，必须先付出，给他们一些回报，用诚意使对方成为为你宣传的人。

> **小贴士** 在推销时，想要快速地取得客户的认可，与客户达成一致，就必须开发利用推荐人，推荐人的推荐对目标客户的影响是非常大的，他的一句话可能抵得上你说十句话。这是销售成功的捷径之一。

6.6 描绘合作前景，弱化客户的消极念头

【日本】
松下幸之助

> 不是卖顾客喜欢的东西，而是卖对顾客有益的东西。

人对于未来的事情既渴望、充满好奇，又有诸多因不确定性而带来的担忧，这

种矛盾的心理会给个人带来更多的困惑。心理学上表明，在这种矛盾的心理驱使下，人们内心更多的是消极念头。这种心理运用在营销学上也是同样的道理，当客户面对陌生的销售人员、陌生的产品时，心中难免会有质疑、不信任。这时，客户考虑得更多的是未来的不确定性，我会不会被骗、产品的质量是否有保证等一系列的问题瞬间都会涌现出来。

在这种情况下，销售人员就要学会扬长避短、趋利避害，描绘双方合作的前景，引导客户对产品充满信心。只要客户对你的产品建立起了信心，就能激发起他们的购买兴趣。

案例6

一家建筑公司的销售人员去拜访一家饭店的老板，向其推销装修。这次装修价格比较昂贵，当老板听说装修完毕需要上百万元时，毫不犹豫地拒绝了。

客户虽然拒绝了，但这位销售人员并没有因此而泄气，因为据他观察，这家饭店实力很强，应该不会在价格上计较太多。另外，这家饭店的地理位置优越，地处一个大型旅游景点的外围。这位销售人员简单地分析之后，也看出了饭店老板的心思，对方的拒绝本意不是嫌要价过高，而是担心装修的效果不如意，不值得这么大的投入。

于是，这位销售人员对客户说："张经理，您真是独具慧眼啊。"

客户一听他的话，微微一笑："为什么这么讲？"

"您在这个旅游胜地承包了这个饭店，就是最大的优势，每年的旅游旺季，要招待多少过往的旅客。"

"我也是这么想过，但这毕竟是我第一年在此做生意，效果也许没有想象的那么好。"

"您过虑了，我看您也是初到此地做生意，我在这个地方土生土长20多年，每年4月份到10月份来这里的旅客非常多。以后您这个饭店也会成为一道亮丽的风景线了。"

客户听后，爽朗地笑了。

这位销售人员接着说："游客通常都喜欢优雅而整洁的环境，装修一定要与这里的环境相吻合，让疲劳的旅客一到贵店就流连忘返。我想如此舒适华丽的饭店一定会吸引更多的游客，到时候也能助您生意兴隆。"

饭店老板听了销售人员的话，微笑地问："您有没有更具体的计划？"

销售人员急忙回答："我初步设想是这样的……如果不满意可以再商量。"

这位销售人员的一席话，使饭店老板心中的疑虑一扫而光，最终与之签订了订单。描绘合作的前景，是消除客户消极情绪、建立客户信心最重要的方法之一。就像案例中这位销售人员一样，在面对客户对未来的疑惑时，他向客户描述了景区旅游旺季的景象，从而使得客户认为"投资装修"很值。

在推销中，对于大多数客户来讲，他们的关注点会比较长远。比如，购买产品前他们经常会问"这种产品能使用多长时间？""以后出现问题怎么办？"等等。客户正是因为对产品的未来充满了不确定性，所以往往会表现得满腹疑虑、犹豫不决。那么，在描述合作前景的时候，如何讲述才能令客户信服呢？

（1）准确判断未来

一个优秀的销售人员向客户描绘合作前景时，不单单是介绍产品，还包括介绍与产品有关的市场动态、信息以及其他状况。这些有助于客户更深入地了解产品，增强对产品的信任度。作为销售人员需要时刻观察市场动向，了解产品的最新动态，这是与客户有效交流非常重要的前提。

（2）提供事实依据

客户对产品了解不够，对销售人员不信任，从而导致心中产生很多质疑。而且这种质疑是根深蒂固、很难消除的。所以，销售人员仅凭一张嘴是无法说服客户的，必须提供确凿的证据来证明产品的可靠性，比如质量证书、销售合同、合作伙伴的认同等等。在证据面前，客户的疑虑就会大大弱化。

（3）善用售后保障

销售人员向客户介绍产品的同时，应该交代清楚完善的售后保障。高质量的产品必须有与之配套的售后服务，这样才能解除客户的后顾之忧。有的客户在购买产品时，把售后服务看得非常重，所以，销售人员要将售后服务、维修条款等介绍清楚，让客户清清楚楚地知道与产品有关的一切服务。

 在推销时，为了更好地说服客户，销售人员在介绍产品的同时，还需要帮助客户建立信心，让客户感到产品在未来能体现出更大的价值，能为自己带来更大的利益。

6.7 证明自己的信用，让客户更加信任

> 佚名：所谓的诚信并不是说出来的，而是通过企业的一言一行体现出来的。

在销售界，有"推销产品就要把自己推销出去"的说法。客户之所以购买你的产品，从某种意义上讲就是购买你的人品、你的信誉。只要客户感到你推销的产品能为他们带来切身的利益，对方就会购买。否则，即使产品质量再好，对方也不敢轻易相信。

案例 7

客户："一次性购买200件，有什么优惠吗？"

销售人员："先生，我们这是零售价，如果您能订购200件的话，可以按批发价出售给您，每件7.5折。"

客户："这也比较贵啊。"

销售人员："这样吧，如果您一次性付清款项，我私自做主，再减现金100元，总可以了吧？"

客户："你们这价格还有没有谱啊，真不敢相信。"

销售人员："都这么优惠了，你到底是买还是不买啊？"

客户："不买了。"

销售人员："不买还打听这么仔细干吗？"

这位客户本来有明显的购买意向，但是通过几轮砍价还价，却毫不犹豫地拒绝了。表面上看是在产品价格上产生了分歧，其实，仔细分析一下，却是客户对这位销售人员产生了质疑。正是这位销售人员无所谓、不认真的态度让客户心生疑惑，最终决定放弃购买。其实，很多时候就是这样，客户拒绝购买你的产品，并不是不相信你的产品，而是不相信你本人。那么，如何才能让客户对你产生信任呢？具体方法如图6-5所示。

图 6-5 让客户对你产生信任的 3 种做法

（1）先把自己推销出去

客户首先接受了销售人员，才会进而接受其产品。因此，销售人员在销售产品时，就要先推销自己。推销自己就是指要让客户喜欢你，相信你，尊重你，接受你。换句话说，就是要让你的客户对你产生好感。在销售中，客户只有认可你，才有可能接受你，才能够继续与你交流下去，并建立起比较稳定的关系。首先要让客户能接受自己，对自己产生信任，这样客户才会接受你推销的产品。

（2）展现自己的人品和人格魅力

在向客户推销自己的时候，一定要展现出自己的人品，最主要的就是要让客户感到你的人格魅力。比如，推销要用事实说话，而不能用欺诈的手段蒙骗；要真心为客户的利益着想；等等。每个客户总希望与一个讲诚信的人做交易，这样可以保证他们少蒙受损失。所以客户一旦觉察到销售人员的人品存在问题，出于对自身利益的保护，往往会拒绝进一步交流。

（3）讲究诚信，承诺下的就要做到

在推销过程中，大多数销售人员为了打消客户对产品的顾虑，喜欢向客户做出承诺。这里应注意一个问题，承诺客户的话一定要做到，做不到的不要随随便便许下诺言。比如，承诺会承担质量风险，保证产品的优质，保证赔偿客户的意外损失，或者在购买时给予优惠，等等。你也许是一时兴起，拍拍胸脯，在客户面前豪言壮语，一扭头就忘记自己曾说的话。但对客户来说，你的每一句话都会给他们留下深刻的印象。一旦得不

到兑现，对方立刻会对你产生不信任的感觉。所以，在自己没有能力确保兑现承诺之前，千万不能夸下海口。

> **小贴士** 客户在购买产品的整个过程中，心里其实一直有一种担忧和疑惑。这些担忧来自对产品的不了解、对企业的不信任。这个时候，销售人员如果能展现自己的信用，则可大大打消他们的这种消极念头。

6.8 用数据说话，会增强你的信服力

> **阿拉伯谚语** 数字很奇妙，每个数字都有它的规律。

数字与人类有缘，人们历来对数字有着特殊的感情，数字与日常生活、与每个人也是密切联系的。比如：数字7，彩虹有7种颜色，音乐有7个音阶，世界上有七大奇迹，智力游戏中有七巧板，一星期有7天，牛郎织女七月初七相会；数字12，一年12个月，一昼夜12个时辰，时针在钟面上走一圈是12小时，在我国和亚洲一些国家有着十二生肖的说法。这些数字，是巧合还是有一定的规律呢？据西方一些天文学家、心理学家研究发现，数字是存在一定规律的。

在与人交际中，引用数据要比仅用语言更有说服力。要向对方说明一个情况，或要论证一个观点，在没有具体确凿的数据时，只是运用模棱两可的语言，别人就会感到说服力不强，对你不够重视。相反，如果谁能拿出数据，有一说一，有二说二，客户自然会打消不必要的顾虑。谁的手中有真理，谁掌握和提供的数据越多，谁说的话就越可信。

优秀的销售人员，都善于熟练地运用数据来推销。用数据说话，能让客户听后感到内容更加充分、说服力更强，从而避免了产品介绍空洞无物、单调，如果运用巧妙的话，还可以更大地激发客户的购买兴趣。

案例 8

戴维斯是美国一名优秀的厨具销售人员，他推销的产品比同类产品价格要高得多，因此，在推销时总会遇到同一个问题："这种厨具为什么这么贵，每套400美元？"每当遇到这种情况，他就苦口婆心地介绍，把产品的全自动调节功能、省电、省燃料等优势一一展现出来。尽管如此客户仍不买账。

后来他想，客户最大的异议不就是"价格贵"吗？显然客户还是认可这种产品的，只是昂贵的价格让他们望而却步了。如果把价格化整为零，降低客户对价格的抵触情绪，也许不失为一个好办法。

一次，又有一位客户提出同样的疑问时，他果断地从身上掏出1美元的纸币，将其撕碎扔掉，然后问那位客户："您心疼不心疼？"

客户对他的做法感到吃惊，不解地问："我心疼，不过你撕的是自己的钱，如果你愿意，继续撕吧！"

戴维斯紧接着说："我撕的不是我的钱，而是您的钱。"

这位客户一听更加纳闷："你撕的怎么是我的钱呢？"

"花1美元就能让您使用上400美元的烹调器，您信吗？"

"不信。"

"您结婚多少年了？"

"20年。"客户回答道。

"您若使用我们的烹调器，每天可节省1美元，一年365天，一年就能节省365美元，20年节省7200多美元。也就是说，在过去的20年间，你就白白撕掉7200多美元。"

客户盯着戴维斯，一字一句地说："这是真的吗？"

"难道今后20年，您还要继续再撕掉7200多美元吗？"

"请您详细介绍一下，可以吗？"

接下来，戴维斯就按照以往的推销思路向客户原原本本地介绍了一遍产品，客户听后果然欣然接受了。

这则销售故事告诉我们，利用数据来展示产品，往往对客户有更强的冲击力。有时候，只要换个推销方式就能获得不一样的结果。就像案例中的销售人员，面对客户的疑虑，改变的不是产品，而是思维模式。用数字把价格逐步分解，简单明了、直截了当地去刺激客户。对于那些非常看重价格的客户来说，无疑是一个很大的心理打击。因为7200美元对于400美元来说可谓是一个庞大的数字，没有几个客户会对7200美元无动于衷。

在推销过程中，运用到数据的概率是非常高的，只要用心总结、善于思考，数据几乎都是信手拈来。数据的作用非常大，用数据来分解价格会收到很好的效果。推而广之，在介绍产品的时候，很多方面都可以与数据联系起来，比如，产品的信用度、销售量等。

有的销售人员对数据的运用不能很好地把握，一方面是缺少这方面的积累，另一方面是不知道如何将数据很好地穿插到谈话中去。下面是一些简单的技巧。

（1）出示原始的数据报告

每个公司的销售部都有完善的数据报告，月度、季度、年度的销量和盈利数据，以及其他费用使用情况，这些数据是一切工作质量保证的记录。为了增强对客户的说服力，在销售中，可以向其出示数据分析报告。比如，"这种产品的销量每周平均可达到500件，每个月最低在2000件左右，尤其是在周末、节假日，其中80%都是在这段时期销售出去的……""10月份，挖掘机销量会继续保持环比上升的趋势；预计全行业挖掘机总销量在13000台左右，同比增长48.5%、环比增长11.6%"；等等。

数据除了展现出产品的销量，还隐含着其他更为重要的信息，比如，能体现公司有良好的生产能力、信誉保证等等。这些都是数据体现出来的，对于客户的购买行为有很大的促进作用。

（2）将文字转化为数据

在与客户交流的过程中，很多销售人员经常用"节省""便宜""赚钱""降低成本"等字眼来引起客户的注意。但是，这些只是一个个空泛的词，说服力较弱。比如，你总在说能降低成本，但是能降低多少并不能完全体现出来。如果你把"降低成本"改为"降低30%"，就非常明显而具体了。把产品带给客户的利益由抽象、模糊的文字变为具体的数字，能更有效地吸引客户。

用数据说话，是销售人员开展各项销售工作的基础和依据。相比较而言，准确、精确的数字对客户的影响力更大，只有客观、准确地掌握工作中所涉及的数据，才能更有效地说服客户，坚定客户的购买决心。

6.9 先提出简单要求，然后再"得寸进尺"

日本 萩原塑太郎

> 社交的秘诀，并不在于讳言真实，而是在讲真话的同时也不激怒对方。

在推销过程中，销售人员总是想尽快地把产品推销出去，而客户则故意拖延，总是怀着"等一等""看一看"的心态。这往往会使两者形成一种强烈的心理反差，心理上出现了错位，步调自然不一致，推销起来也就会增添不少困难。

一般，对于买卖双方来讲，客户往往更谨慎，尤其是在初次接触推销人员时，更不可能一下子接受推销人员的产品。毕竟每个人都想买到物美价廉的商品，从这个角度来看，客户的担忧不无道理。销售人员也应该站在客户的角度上想想，满足客户的需求。但是，满足客户的需求，又必须有个逐步适应的过程。

在推销中，优秀的销售人员都懂得利用铺垫式方法说服客户，先提出简单的要求，当客户逐渐地接受了之后，再尝试着进行最终的推销。从下面这个案例中可以看到这种成交法对促成订单的影响。

案例 9

秦岩是一家汽车销售公司的销售人员。一天，一位客户王先生来看车，客户看后，似乎对在场的几款车都不满意。后来，秦岩负责接待了这位客户。为了让客户更深入地了解这几款车，秦岩采用逐渐深入的谈话方式，引导客户对车产生认同感。

秦岩问："我想知道您买车主要是用来代步上班，还是准备运货做生意呢，或者是另作他用？"

听到秦岩这样问，客户很随意地回答说："自用，偶尔带全家出去旅行。"

秦岩便接着问："那平时是您开车多呢，还是家里人开车多呢？"

"我和我太太都会开车，需要的话她可能也会经常开车。我又经常出差，所以我太太开车的时间应该要比我多一些。"

秦岩在了解了这些情况后，就向客户提了一条建议，说："考虑到您太太开车的时间较多，有时还可能带着孩子一起出去。所以，我认为应该选择自动挡、大功率的汽车，操作比较方便，安全系数大。"

秦岩说这话时，王先生一直在认真地听，而且不时地点头表示认同。秦岩意识到王先生已经基本认同了自己的观点，于是，便继续引导说："请问您想要两厢车，还是三厢车？对汽车的颜色有什么特殊的要求吗？"

"两厢，对颜色没有要求。"客户回答。

接着，秦岩又试探性地询问："那么您看这部两厢车怎么样？它看起来线条柔和，而且设备采用的都是国际先进技术……"

秦岩介绍完了具体性能后，王先生走到这款车的面前，打开车门，朝里面看了看说："看汽车主要看发动机的质量。这款车发动机的质量怎么样？"

"这个您放心，发动机等都是采用目前最先进的设备。很多人反映都不错。"

"不过，我觉得这款车的车内空间有些狭小，平常上班可能还行，如果全家出去游玩可能就会感觉到不够舒适……"

听到这些，秦岩又把客户引到另外一款汽车跟前，说："如果您觉得那一款车的车内空间不够的话，您可以考虑考虑这款车。这款车的车内空间要大一些。您可以先进去感受一下，看一看是不是感觉很舒服。"

说着，秦岩就打开了车门，请王先生和朋友到车里面感受一下。"感觉确实很舒服。"

此时，秦岩意识到该是向成交目标靠拢的时候了。交流了一会儿，客户就同意购买了。

很显然，案例中的这个销售人员成功运用了"铺垫式"的成交法。在销售过程中，销售人员要有一个总目标。然后在具体的实施过程中，将总目标进行合理分解，然后逐层铺垫、分阶段地去实现。只有这样分步骤、有阶段地去进行，才可能实现最终的目的。就像案例中这个销售人员，为了把车顺利推销出去，先是对客户王先生提出自己的购买建议，并逐步引导客户认可这些建议。

有很多销售人员在推销中总想让客户一下子就答应自己的要求。作为销售人员必须把眼光放得长远些，不要奢望客户一下子就能够做出购买决定。但这往往很难，要知道，在销售过程中，每一个步骤或者每一个环节都对实现成交产生影响。推销要遵循循序渐进、层层增进的原则，理顺自己的销售头绪，有步骤地、有计划地进行。只要把铺垫工作做好了，客户做出决定也就顺理成章了。

要理清销售过程中的头绪，成功运用"铺垫式"成交法，销售人员需要从以下3个方面入手，如图6-6所示。

图 6-6 理清头绪，成功运用"铺垫式"成交法的技巧

（1）分析客户的需求特点

在销售实践活动中，销售人员开展的每一次销售活动所面临的客户都有其各自的需求特点：有些客户的需求旺盛、急于购买；有些客户则并不急于做出购买决定；有些客户对相关产品信息掌握比较充足、所提意见较为客观；有些客户则不了解相关产品的信息、内心的疑虑比较多；有些客户喜欢在价格问题上寻找更大的突破点；有些客户则对产品的质量和性能持反对意见……因此，准确了解和把握客户的特点，例如实际需求、关注焦点等，是销售人员成功争取到订单的关键。如果不能准确了解客户的需求，那么销售活动就容易偏离方向，就谈不上设立铺垫，达成交易。

要总结和分析客户的特点，销售人员最有效的途径就是积累经验和主动、细致地观察客户。销售人员与客户打交道的经验越丰富，与客户交流时越是用心观察、认真体验，就越能够准确地把握客户的各方面特点。此外，销售人员积极有效的询问也是获得客户各种信息的重要方法。

（2）针对客户需求，调整销售方法

当销售人员对具体销售活动有了深入了解后，就需要针对不同的客户需求特点，对其销售方法进行相应的调整。必须要知道自己先要实现什么目标，然后在实现这个目标的基础上再实现什么目标，最终一步步朝着成交这个大目标迈进。

例如，针对那些对产品的相关知识了解比较充分的客户，销售人员可以将自己的销售目标分解如下：通过询问了解客户对自己的产品与主要竞争对手产品的看法——通过说服让客户进一步强化对本公司产品所具有的优势的信任度——采用相应方法化解客户认为本公司产品不如主要竞争对手的异议——引导客户从整体上认同本公司产品——提出成交要求……

（3）观察客户反应，逐步进行引导

在针对客户特点对自身的销售目标进行合理分解后，销售人员心中其实已经有了一个基本的头绪，然后销售人员要做的就是根据自己设定的这个合理头绪逐步开展推销。不过，在此过程中，销售人员需要注意的是，所设定好的销售目标针对的对象是面前的客户，只有与客户形成互动的交流关系，销售目标才能够一步一步地得以实现。

因此，销售人员需要按照合理的销售头绪逐步开展销售活动，同时还要密切注意观察客户的具体反应，并且根据客户的具体反应逐步进行引导，最终将客户引导到成交的道路上。一旦发现客户的反应与推销的效果出现明显的偏差，销售人员就需要根据客户的具体反应合理调整自己的销售步骤。

总之，在销售过程中，"铺垫式"成交法的运用是建立在丰富的经验和根据实际情况灵活应变的基础上的。在销售过程中，销售人员要掌握好这种技巧，运用这种技巧获取更多订单，就需要不断地积累销售经验，认真观察客户，灵活应变，理顺自己的销售头绪，在熟悉本行业和本公司产品知识的基础之上，将销售目标进行合理的分解，然后根据对客户具体反应的分析一步一步地对客户进行积极的引导，最终促使客户下定决心签单购买，顺利成交。

要想获得更多订单，就可以运用"铺垫式"成交法，诱导客户就各个组成部分——做出积极的决定，或者对交易的各个环节持以肯定态度，如此层层铺垫，步步引导，最终将客户引导到成交的目标上来。

6.10 真心帮助客户，让客户感激你

> 苏联
> 高尔基
>
> 你要记住，永远要愉快地多给别人，少从别人那里拿取。

每个客户都希望买到物美价廉的商品，因此在做出购买决定之前，经常

会犹豫不决。从心理学角度看，这是希望得到更多帮助的表现，这时，销售人员就要察觉到客户内心的真实想法，想客户之所想，急客户之所急，为客户提出切实可行的解决方案，帮助客户解除内心的困惑。

案例10

白雪娟是某家医药设备制造公司的推销员，在朋友的介绍下，她认识了一位医生，并打算抓住这次机会，向其医院推销一批医疗设备。

为此，白雪娟特意拜访了这位客户。见面后，她直截了当地说明了来意，当客户听说她是推销医疗设备时，脸色大变，起初的满脸笑容瞬间消失了，但并没有直接拒绝白雪娟。

白雪娟虽然感觉到了客户的怠慢，但还是郑重地介绍了自己的产品。但她的介绍有些过长，反复强调这套设备对疾病治疗的成效。客户终于不耐烦了，毫不客气地打断了她的话，生气地说："好了，这些我都知道，要不然我不可能让你进来，而且我是医生，这些功能我比你懂得多。"客户接着说，"其实，我不需要这些医疗设备，我只是想了解一下你的产品有什么特色功能。"

然而，这时白雪娟的脑子想的就是如何推销更多的产品，丝毫没有在意顾客的话，居然继续给顾客介绍自己的产品功能，最后顾客被彻底激怒了，相当无奈，只好将她"请出"了家门。

白雪娟虽然在努力介绍着自己的产品，但她却一直没有提到客户关心的话题，客户所关心的是该产品是否有一些特色功能，这样的推销结果可想而知。

有些销售人员在推销时虽然不直接推销产品，但却很容易拿到订单，而有些销售人员自以为介绍得很到位，却被客户无情拒绝。原因在于有的人总能把话说到客户心里去，善于为客户着想，真正解决了客户之忧，而有的人只是根据自己的意愿在说，丝毫不顾及客户的感受。案例中的白雪娟就是后者，像她那样的介绍，即使产品本身很好，也容易被客户拒绝。

推销很少有一次性成功的，作为销售人员，在与客户交易的时候，必须学会时刻帮助客户解决问题，以创造第二次销售机会。然而，很多销售人员不在意这个问题，客户拒绝购买后，便表现出一副不耐烦、不屑一顾的神情。他们认为做销售只要把产品推销出去就可以了，其实最重要的一点反而是要给予客户真心的帮助，在客户需要帮助的时候，尽最大可能去帮助他们，让客户感受到"你能为他们带来实际利益",这样会进一步彰显你的诚意。

只要让客户感受到了你的诚意,在你最困难的时候,对方也会伸出援助之手。要想提高成交概率,就必须时刻为客户着想,当客户遇到困难的时候,无论与推销是否有关,都要积极地去帮助他们,这也是你与客户的一条纽带。只要有了这条情感纽带,客户接受起你来也会容易得多。那么,如何去帮助客户呢?可以从以下两点入手。

(1)经常关心客户的日常生活

关心客户的生活,很多人认为这一点可有可无,其实,这是非常重要的。关心客户的生活,看似与推销无关,实际上无形中影响着客户对你的认知。比如,经常电话问候一下"今天天气比较凉,要多穿衣服""您的咳嗽好些了没有,我听说,某某药效果非常好,您可以试一试"等。这些生活上的细节看似与推销无关,但多了解客户工作以外的一些事,是走近客户的最好方式,对以后的推销工作有着潜移默化的促进作用。

(2)为客户提供最新的商品信息

客户在购买产品的同时,还会十分关注一些与之相关的行业信息,尤其是一些级别较高的客户。所以,你在为客户推销产品的时候,要带去一些同行业中最新的动态,这样,更有利于增进客户对你的好感。此外,你在介绍的同时可以说"某某公司通过调查发现""某某权威机构第一时间发布"等。

> **小贴士** 销售人员要想促成客户尽快签单,仅仅依靠业务上的往来是远远不够的,还必须在生意以外的各方面给予对方更多的关心和照顾,经常向客户提供帮助。这些帮助看起来是无用功,但在实际销售过程中起着重要作用。只要运用得当,与客户保持密切的联系,往往能收到非常好的效果。

第 7 章

关键 7：
实现全方位沟通，
用身体语言提升沟通
融洽度

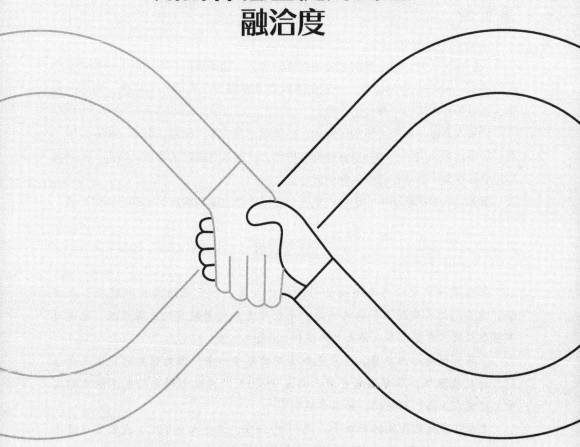

与客户交流，仅仅依靠语言往往是不够的，很多时候无声的肢体语言同样必不可少。在向客户介绍产品时，为了更精确、真实地传达信息，需要肢体语言的辅助，比如手势、微笑、眼神等，从而使双方的谈话更加融洽，轻松达到销售目的。

7.1 恰当利用手的力度和方向，巧妙操控个人气场

英国 莫里斯

人体中越是远离大脑的部分，其可信度越大。

人们在谈话时，总习惯附加各种各样的手势，这是人们在表达时的一种常见的辅助方式。从心理学角度看，一定的手势在某种程度上有助于人思想、情感的表达，通过手势也可以了解人的心理。

销售人员在与客户交流的过程中，手势运用非常多，比如，握手、摊开双手、双手轻搭在客户肩上、伸开双臂拥抱客户等，这既是对客户的尊重、亲近，同时客户也会从这些手部动作感受到你的诚意。

因此，在销售活动中，销售人员要学会用手势去影响客户，实现全方位沟通。

案例 1

张兵是一家生活用品制造公司的销售人员，一天他约客户牛经理出来喝茶。喝茶间两人谈到了合作的问题。牛经理是某大型超市的采购经理，他说超市货源紧缺，希望张兵在两天之内提供100箱洗衣液。

张兵听说两天内要货，差点没把嘴里的茶喷出来，因为张兵的货源来自总厂，总厂在深圳，从那边发货到上海至少要3天，再说货到之后也不能立即发出，还需在上海总部登记，然后才能发出。

于是，张兵无奈地摊开双手，说："牛经理，这也太急了吧，我们实在没办法在这么短的时间内进100箱洗衣液过来啊！您看能不能先进30箱，然后慢慢补齐70箱？"

牛经理一看张兵那姿态，就说："好吧，我看你确实有困难，两天内先进30箱来吧，因为超市没有货了。"说完他们在合同上签了字。

案例中张兵的手势无意中就起到了很大的作用，既巧妙化解了困境，又轻易得到了客户的支持。由此可见，若想获得客户的好感和信赖，在交谈的时候，有

必要多使用手心朝上、摊开双手的姿势。这种姿势足以向客户表明你的诚意。自然地摊开双手，你诚实的形象就表现了出来，你那么坦诚，客户是很容易看得出来的，即使无法达到要求，对方也不好意思为难你了。

手势语是语言表达的最好补充，通常是下意识的表现，但是，在某些特定的场合，为了表明自己的态度，销售人员可以有意识地做给客户看。手势语可以充分显示出自己说话的自信心，或者可给客户造成一种无形的压力，让对方做出妥协。在推销活动中，很多有经验的销售人员非常喜欢用手势语。

手势语只要运用得当，就可起到意想不到的效果。而在实际销售过程中，有些销售人员却不懂得如何利用一些手势语来吸引客户注意，不能很好地运用手势。所以，就会出现一边销售人员在滔滔不绝地介绍，另一边客户却一点反应也没有的情况。有些销售人员也知道手势的重要性，他们一边与客户交谈，一边连打手势，做着各种动作，可是由于这些手势并不能恰当地表达当时的意思，几乎是在做无用功，客户也就根本无法被吸引，反而会认为销售人员不踏实而对其产生厌烦。

在商务谈判中，手势的运用并不在于多，而在于运用得准确到位，在必要的时候，不便于用口头表达的时候，可采取一定手势来进行弥补。值得一提的是，手部动作是肢体语言中动作变化最快、最多、最大的，通常具有丰富的表现力。在运用手势语的时候，需要注意一些细节，比如手掌朝上还是朝下、动作的幅度大小、频率的快慢等等。

手掌的姿势各不相同，相同的姿势所反映的当事者的心理也是不一样的。通常一个人的手掌姿势可归纳为以下4种，如图7-1所示。

图 7-1 常见的 4 种手掌姿势

（1）手心朝上

当你向客户提出某个要求时，伸出双手，摊开手掌，可以令客户感受到你的坦诚、商量的态度。因为从人类社会的发展角度来看，双掌摊开，像是在告诉对方我手中没有武器，这样可以赢得对方的信任。

（2）手心朝下

手心朝下是一种体现权威性的手势。比如，老师经常会使用这个手势示意学生们安静下来。销售员如果对客户使用这个手势，会让对方感到自己是在被命令、被强制做某件事或某个决定，这样很容易使人产生抗拒心理。如果你和客户的身份、地位完全平等，甚至更低，千万不要使用这样的手势，对方很可能会非常愤怒，甚至拒绝你。但是，同样的要求，假如你使用的是手心朝上的姿势，他就很有可能答应你的要求。

（3）握拳伸指

有些人在说话的时候，不是捏拳头就是伸手指，尤其是伸出食指指着别人，特别容易给人盛气凌人的感觉，很容易引发对方的反感。在与客户打交道的时候，如果你向对方伸手指，常常会给人一种咄咄逼人、爱挑衅生事的印象。当你一直使用这个手势时，客户的注意力往往集中在你的手势以及对你那个手势的反感上，而不是集中在你的说话内容上。

（4）手托脸颊

手托脸颊这一动作，在不同的环境中会体现出不同的含义，销售人员要学会根据不同的环境去真正运用。

手握拳，食指竖立，放在下巴或者脸颊处是一个人对某个人或某个话题开始失去兴趣的标志，尤其是竖起的大拇指、支撑头部的大拇指会显示出批评的态度。因此，如果做手托脸颊的动作，只需把手轻轻地靠在脸颊上，而不是作为头部的支撑，就是真正对某人或某事感兴趣的表现。千万不可将食指竖起来，挨着脸颊，同时又把大拇指抵在下巴底下，因为这就表示听者的内心产生了与说话人不同甚至相反的意见。

小贴士

手势语在沟通的过程中，往往能吸引对方的注意力。无论是自身的，还是对方的，了解每一个手势的含义对于销售人员来讲都有重要的指导意义。所以，推销人员在与客户沟通的时候必须注意每一个手势，既不要因忽视某个手势而错失销售机会，更不要因自己一个不经意的手势语而引起客户的不满。

7.2 增加眼神交流，有时一个眼神胜过十句话

美国
戴尔·卡耐基

谈话时看着对方的眼睛是最起码的沟通技巧。

心理学研究发现，在人与人的交往过程中，非语言之间的传递发挥着重要作用，50%以上的信息都是通过非语言形式来传递的。其中，眼神就是不可或缺的一个渠道。常说，眼睛是一个人的心灵之窗，透过眼睛能"看到"对方的心灵，看透对方的心思。的确如此，很好地利用眼神能够增强沟通的效果。作为销售人员，在与客户交谈的时候，更要善于利用自己的眼神去影响客户，去左右客户。

会使用眼神的销售人员，能给对方留下好印象，赢得对方的好感，同时可将内心的情感、情绪淋漓尽致地表达出来。

案例 2

汪强是某保险公司销售部经理，一天，他受邀去参加一个新产品新闻发布会，那天到会的有很多代销商。凭着职业敏感性，他感到这将是一次拓展业务的好机会。但是发布会只有短短的一个小时的时间，要想获得100多位参展商的供应信息是不可能的，唯一要做的就是利用自己的讲话机会，抓好重点，找到最有希望的客户。

汪强走上讲台，场下坐满了客户，讲座开始前，他用眼神扫射了一下台下的观众，顿时获得了热烈的掌声。讲座开始后，汪强一直在用积极热情的语言振奋地讲解着，这时，他发现坐在前排右边座位上的一位年轻女士听得非常认真、非常入神。当讲解到产品的功能和作用的时候，这位女士还着重记录了下来。这时，他又一次注意到那位女士正好看着自己，脸上的表情似乎十分凝重。

从她的反应，汪强感到这位年轻女士一定对自己所讲解的产品感兴趣，而且正在思考着什么。虽然无法与这位听众交流，但是他意识到这将是一个重点客户。

讲座结束时，汪强走向那位女士，首先做了自我介绍，与对方握了手，询问了她的具体情况。经过一番谈话，汪强了解到这位客户有很多担忧，并当场为她进行详细的解释。在汪强的开导之下，这位客户鼓起勇气说出了真相，原来她很早就注

意到本公司的产品,十分地感兴趣,这次是特意赶过来。但是由于无法承担购买的费用,她一直在犹豫不决。了解了这个情况后,汪强给她推荐了一款成本较低的产品,让其代销。

上述案例中的汪强之所以能够从众多的客户中抓住这位潜在客户,最重要的就是他善用了自己这双眼睛去观察。他在台上,用热切的眼神像一部搜寻机一样时刻关注台下所有人的一举一动,终于看到一位异常认真和兴奋地听讲座的人。

正如美国身体语言专家福斯特曾描述过的那样,"尽管我们身体的所有部分都在传递信息,但眼睛是最重要的,它在传送最微妙的信息"。在销售活动中,要懂得运用眼神来搜索客户身上以及周边的信息。

在与人交流的过程中,每个人都在不断通过眼神向外界传递着自己的内心。这些信息就像电波一样影响到你周围的每个人,只要仔细观察,善于利用,就能判断出对方的心理。然而,用眼神来表达一个人内心的方式多种多样,或者丰富而热情,或者微妙而含蓄,不同的眼神代表不同的心理。比如,眼神沉静,表示对某事或某件事情胜券在握、胸有成竹;眼神散乱,表示对自己没信心,或者对对方不感兴趣;等等。

人的眼神多种多样,有散有聚,有动有静,不同的眼神代表着不同的心理活动。因此,作为销售人员要想更好地影响你的客户,就必须懂得不同眼神折射的含义,从而做到利用积极的眼神,避免消极、空洞的眼神;或者是根据客户的反应,把握他们当时的心理状态。

在与客户交流时,销售人员要力求使自己的目光表现得更真诚、更热情。当销售人员专注地向客户介绍产品时,眼神中透射出的热情、坦诚和执着往往比口头说明更能让客户信服。充满热情的眼神还可以增加客户对产品的信心以及对这场推销活动的好感。

积极、热情的眼神可以向客户传递你的热情和执着,同样,有些眼神是绝对不可以出现的,具体如图7-2所示。

图7-2 与客户交流时绝对不能出现的4种眼神

（1）散乱的眼神

散乱的眼神，表明你内心不专注，注意力不集中，这会给客户被轻视、被忽视的感觉。

（2）冷峻的眼神

冷峻的眼神，给人拒人于千里之外，不礼貌、不热情，甚至不屑于关注客户需求的感觉。

（3）呆滞的眼神

呆滞、不活跃的眼神表明你的内心正在紧张地考虑某一问题，而忽视了身边的客户，如果对方正在与你谈论什么，你一定听不进去。这难免会引起客户的怀疑。

（4）凶恶的眼神

凶恶的眼神表明你正处在气愤中，也许是对对方极不满意，也许是对其他方面不满意，或者是客户的某句话激怒了你。销售人员如果露出这样的目光，即使目前还不打算与对方彻底决裂，也会引起对方的不满和愤怒，激化矛盾。

 在推销过程中，学会用眼神交流非常重要。比如，谈话的同时，眼睛要注视着对方，眼神要热切，充满关怀。而当你聆听客户的时候，虽然不便于插话，也需要不时地用眼神表达自己的认同。

7.3 丰富面部表情，避免交流过于程式化

 面部表情是多少世纪培养成的语言，它比嘴里讲的要复杂千百倍。

古人说："情在脸上现，怒从脸上生。"可见，人的脸会"说话"。这里的会"说

话"指的是人的脸部表情是内心的反映。脸部表情宛如人内心的晴雨表，可以鲜明地反映出一个人的喜怒哀愁。一个人的面部表情丰富多彩，内心是高兴、欢乐，还是愤怒、悲伤，都会第一时间反映在自己的脸上，因此，在与人交流的过程中，一定要注意自己的面部表情。

面部表情不仅仅是一种表情，最重要的是它向对方传递着一种用语言难以表达的信息。这些信息对于人际关系起着莫大的作用。销售人员也不例外，在与客户打交道的过程中必然会遇到一些尴尬的场面，使自己陷入被动。也许双方都不便于用言语打破僵局，这个时候，如果善于使用面部表情，则可以很好地缓解气氛、化解矛盾。

通过人的各种面部表情来互相传递信息，比如兴奋、大笑、悲伤、痛苦、嘲讽等，如果运用得当，就可以很好地影响客户的行为。

案例 3

韩雪是某公司的营销经理，每当遇到难对付的客户，她都会亲自出马，帮下属搞定。

有一天，下属小琴和韩雪一起在专卖店里当班。一位女士在老公的陪伴下来到专卖店。韩雪笑容满面地走过去招呼他们，得知顾客想买衬衣，就热情地带他们到二楼，并一直微笑地陪着，非常耐心地等着顾客慢慢挑选。

客户挑选了一件衬衣，然后到楼下付款。打包的时候，韩雪发现衣领口不太平整，笑着说："女士，你们如果不介意的话，先坐一会儿，我给你的衬衣熨一熨。"客户刚坐下来，韩雪就暗示小琴给客户送一杯果汁，而自己则认真地为客户熨衣服。

客户一边喝着饮料，一边观察着韩雪。她熨好衣服，叠平整，再放进衣袋。韩雪热情周到的服务，让客户感到心中暖流涌动。或许是被韩雪的微笑和热情打动，客户准备离开的时候突然转身说："小妹妹，我们决定再买一件！"韩雪听了这话，笑了，那笑容是那么真实。两件衣服包好之后，韩雪微笑着说："我叫雪儿，如果需要什么，欢迎你们再过来！"然后拉开门，把客户送到门口。

事后，小琴询问韩雪成功的秘诀，韩雪说："我哪儿有什么秘诀，我只是爱笑而已，而且笑得很真实、真诚、真心，如果这也算秘诀，那每个人都有，只是大家愿不愿意笑而已。"

在整个沟通过程中，韩雪并没有喋喋不休地向客户推销，只是耐心地与其交谈，最关键的是在沟通过程中多次施以微笑。微笑是最常见的一种面部表情，蕴含的信息十分丰富，在与客户沟通时，如果能经常保持微笑，不仅能让客户如沐春风，增加客户进店、停留、再访的概率，还会让客户感觉比较轻松、舒服，有助于减轻推销中的紧张感。

可见，面部表情在销售过程中起着不可忽视的作用，那么，如何运用表面表情来影响客户呢？研究表明，人的左脸和右脸所反映的信息也不一致，左脸比右脸可靠。左脸表示的是自己的情绪和感情，右脸流露出来的是理性的信号，相对而言，左脸更能显示出一个人的真实想法。至于左右脸为什么会有差异，这与左右脑功能的差异有关，面孔的左右两个区域会表现出不同的特征、心境和态度。

因此，与客户打交道的时候，留意用自己的脸部表情去影响客户，让对方读懂你的心理，这一点对销售绝对有帮助。

人的脸部表情是最接近人内心的，他可以很好地反映一个人的内心活动。这种现象在心理学上又称为"脸语"。脸语是由一系列的线条表现出来的，不同的线条可以组成丰富多彩的"脸语"。最基本的脸部线条一般有直线、曲线和弯曲变形3种，其表示的含义如图7-3所示。

图7-3 脸部曲线所表示的含义

（1）直线

出现直线说明此人内心平静。脸部各条线基本上是平行线，眼睛、鼻子、嘴巴，这三个重要的线条，三者是平行的关系。一看脸部线条平行的客户，就知道他内心是平静的。

（2）曲线

人们常说的笑弯了嘴、笑弯了眉、笑弯了腰等，说明笑的时候脸上的肌肉会呈现曲线，所以让人感到柔情。

(3) 弯曲变形

人在愤怒的时候，脸部线条会向上倾斜。嘴角上翘，眼角上翘，眉毛上扬，这三条线就失去了平衡，让人看起来不舒服，多给人愤怒的感觉。

> **小贴士** 脸上的任何表情都是人内心状态的一种体现。在与客户交流的时候，为了更好地表达自己的立场和观点，除了准确的言语表达之外，还必须配合脸部表情这个无声的语言。有时候，相同的话，辅以不同的表情也会传达出不同的含义。

7.4 留心客户的颈部动作，及时掌握客户内心动态

奥地利 弗洛伊德

> 任何人都无法保守内心的秘密，即使他的嘴巴保持沉默，手指也会喋喋不休，甚至每一个毛孔都会背叛他！

颈部是人类最重要的部位，很多人可能会觉得颈部的动作、姿势不能表达出内心的想法，甚至很多余，因此常常忽略这个部位的动作。

心理学家从实验中观察发现，身体的任何一个部位都能暴露出一个人的心理。研究证明，脖子也不例外。当周围环境对一个人造成压力或威胁时，他大脑会激发脖子做出动作，这是自我保护的行为，起抚慰作用。例如，当一个人看到可怕的事情时，也会下意识地护住脖子。再比如，在被车撞的一瞬间，大部分人往往是用手护着脖子而不是面对车子。需要注意的是，这时，男性与女性所做的动作有所不同，差别在于男性会更用力，他们可能会用力捏脖子，而女性则相对温柔。尽管这些动作有所差异，但仍有利于销售人员与客户的交流过程中，从客户的这些动作上获取必要的信息。

案例 4

老杨是某公司的老业务员，受公司委派去客户公司要债。那个公司的经理见

到他时，笑容可掬，以礼相待，可是当老杨问对方："贵公司拖欠我们公司的5万元钱，现在请您还给我们。"然后，他呵呵一笑："哎呀，我们目前真的有点困难，没办法把钱还给你们公司啊！"同时手不停地摸脖子后面，好像那里很痒似的。

当时老杨没有识别客户这个动作的含义，听了他推托几次、说了许多难处后，就回去了，后来证明，客户根本不是没钱，而是撒谎骗了他，故意推脱。

有时候，一个人愤怒或遭遇挫败时，也会用力将衣领拽离自己的脖子，好让凉爽的空气钻进衣服里，冷却胸中的火气。如果你看到客户做这个动作，你不妨对他说，"麻烦您再说一遍，好吗？"或者"请您有话就直说吧，行吗？"这样的话会让他的谎言露出马脚。

一个人的大脑需要手部对身体一定量的接触，比如双手挤压、摩擦额部，按摩太阳穴，擦拭嘴唇，等等，这些行为很大程度上可以缓解我们的情绪。当周围环境对我们产生的不仅是压力，而且还有威胁时，我们的大脑会激发我们对脖子做出动作，这种自我保护的行为，起抚慰作用。

作为销售人员，如果想知道客户想什么或有什么感觉，你可以注意他颈部的动作。因为在肢体语言中脖子是非常重要的信息点，与脖子有关的动作传递的信息含量非常大，并适用于多个场景。

（1）抓挠脖子

这个动作是指用食指，通常是用来写字的那只手的食指，抓挠脖子侧面位于耳垂下方的那块区域。通过观察得出结论，人们每次做这个动作时，食指通常会抓挠5次。这个手势表明当事者正疑惑不解或对某事表示不确定，等同于在说"我不太确定是否认同你的意见"。当这个手势和口头语言不一致时，矛盾会格外明显。比如，客户说"我非常理解你的感受"，同时他却在抓挠脖子，那么说明他实际上没有理解你的感受。

（2）拉拽衣领

这里我们讲一个与颈脖部位密切相关的动作：拉拽衣领。当一个人做出拉拽衣领的举动时，证明这个人正在说谎，或者内心正处于焦躁、恐慌、忐忑不安等负面情绪的困扰中。当人被负面情绪困扰时，面部、颈部的神经组织会产生刺痒的感觉，不得不通过摩擦、抓挠等动作来缓解和掩饰。

因此，在看到客户有这样的动作时，基本可以断定他没心思听你的推销，即使在听也是敷衍，这时就需要改变策略，换一种方式进行沟通。

 当人在受到伤害或者看到可怕情景的那一刻时，双手会下意识地护着自己脖子。这说明一个问题：脖子能透露出一个人的心理活动。销售人员在与客户交流的时候，一定要注意这个细节。

7.5 利用空间位置变换，让客户不知不觉信赖你

佚名　在人际交往中，双方的空间距离发生的动态变化，是一种空间语言，它能表示出人际关系的变化，传递出某种信息。

在美国，无论是在快餐厅、超市等公共场所，还是在厕所等较隐蔽的地方，在等待、排队的时候，人与人之间都保持一定的距离！但在中国，排队的景象则截然相反，排队的人往往紧紧挨着。这不仅仅是礼貌问题，而是由不同的文化、心理决定的。在美国人看来，陌生人之间挨得过近，是对身边人的不尊重！

在人际交往中，每个人都有自己的私人空间，这个空间又被称为"心理距离"。人的"心理距离"通常不容其他人侵犯，你如果无意中打破，对方会表现出不安的情绪，这时，很容易引起敌对和反感。那么，什么是心理距离（psychological distance）呢？心理距离是一种社会心理学术语，是指个体对另一个体或群体亲近、接纳或难以相处的主观感受程度。表现为在感情、态度和行为上的疏密程度，疏者心理距离远，密者心理距离近。

美国社会心理学家霍尔曾经针对人与人之间的物理距离做过调研，他发现人们之间存在着四种类型的人际距离。

一是公众距离。范围在360～760厘米，它属于人际交往中的正式距离。处于该距离的人，可以很容易地采取躲避或防卫行为。它多出现在陌生人之间，或正规场合。

二是社交距离。较近的社交距离是120～210厘米，多出现在个人交往中，如职场交往和商业会议；较远的社交距离为120～360厘米，一般正式的公务性接触大多保持这种距离。

三是个人距离。范围大约在44～120厘米之间，这个距离通常是与朋友交谈或日常同事间接触的空间距离。

四是亲密距离。在0～44厘米的范围内，这种距离只出现在有特殊关系的人之间，如父母、子女、夫妻、恋人。对关系亲密的人来说，这个距离可以感受到对方的气味和体温等信息。

这项研究表明，人只有在自己身体周围保持专用空间的范围内，做事、说话才能挥洒自如，不受到彼此的影响。如果被侵犯就会表现出不愉快、不安的心理。作为销售人员要深刻地读懂这一规律，在与客户沟通时，无论是站着还是坐着，都要遵守最基本的规则，切不可侵犯客户的心理空间。比如，男性销售人员在与女客户进行沟通时，不能坐得太靠近，否则，有可能会给她们带来心理的不适。再比如，不能随便坐在客户床上或者钱柜旁边的板凳上，这样，不但可能给客户带来心理的被侵犯感，也有可能在客户家中发生失窃等事件时，给自己带来不必要的麻烦。

那么，怎样接近客户才不会制造压力，或者说把这种压力减少到最小呢？可以采用以下3种方法，如图7-4所示。

图7-4 接近客户但又不会制造压力的3种做法

（1）尊重客户的私人空间

在销售过程中，销售人员要充分尊重客户的"私人空间"。未得到客户的允许，千万不可擅自做主，贸然去拜访。尤其有些销售人员与客户打交道时，仅有一面之交，对方会十分介意陌生人贸然来访。然而，很多销售人员对这一点并没有引起高度重视，更有甚者，为了表现得更热情、更周到，面对陌生的客户过于主动，或者触摸客户的头部、背部，或者与客户挨得过近，等等，结果反而适得其反。

（2）保持适宜的空间距离

一个人只有在他的"安全范围"之内，才会感到安全，心情才能得以彻底放松。

与顾客保持空间距离，就是保持身体距离。身体离得太近，容易给对方制造压迫感和威胁感；身体距离太远，又会使对方认为营销人员冷淡、不热情。那么营销人员到底该怎么做呢？一般来说，与顾客至少要保持1.5米的距离。在顾客逛商店的时候，不要紧紧跟随。

（3）站在或坐在客户的侧面

研究发现，一个人的私人空间或安全范围呈一个稍扁，两侧略窄，前面偏长的椭圆体，如果面对面地站在客户面前或跟在其后面，很容易形成对抗，引起他的不安，给客户带来压力。而在侧面落座或站立则比较容易为对方所接受，因为两侧的安全范围较窄，一般靠近尚不至于侵入对方的安全范围。因此，当你知道这个理论之后，就不要站在或坐在客户正面。

> **小贴士** 空间距离是与客户沟通的一个重要方面，如果能注意加强学习和培养优良的沟通习惯，利用最合适的空间语言去影响客户，一定会大大提高与客户沟通的水平和效率，提高客户满意率，进而提高交流的效率。

7.6 运用身体小动作，拉近与客户之间的距离

> **佚名** 肢体语言对人们心理的影响被关注和重视，它已日益成为一门需要特别了解的"艺术"。即使一个微笑，也别小看它！

无法接近客户，是大多数销售人员最犯难的问题之一，为此销售人员想尽了各种各样的办法和技巧。但是，很多销售人员忽略了一点，即运用身体小动作。为什么这样讲呢？因为，在大部分销售人员看来，在客户面前动手动脚是不礼貌的行为。基于这样的想法，他们始终一本正经，规规矩矩，礼貌有加。其实，巧用身体小动作来影响客户与"礼貌"问题根本不冲突。

身体动作是肢体语言的一部分，在与客户交流时，如果善于运用这种肢体动作的话，可以大大增强客户对你的好感，拉近双方之间的距离。尤其是在与客户首次

见面时,可直接影响到客户对你的印象。

所以,在推销过程中,销售人员可以用肢体动作来引起客户的注意力。

案例 5

萧方是一名服装销售人员,她在与客户交流的过程中,总是爱"动手动脚",喜欢与人发生肢体上的接触,但其行为举止非常得体大方。每当与客户交流时,她总会有意与客户靠得特别近,在恰当的时候,拍拍对方的肩膀,或拉拉他们的手。这些小动作令人感到温暖,但不会给客户造成"授受不亲"之嫌。几年来,她的这种习惯不但不令客户厌恶,反而会增加几分好感。

一天,一位男顾客来买衣服,恰巧是萧方负责接待的。这位顾客非常挑剔,话语中充满了不满:"这件衣服怎么皱巴巴的,我真怀疑是不是新货。"听到客户这么说,萧方来到顾客面前,微笑地说:"先生,您好,有什么需要帮忙的吗?"

顾客说:"这件衣服怎么显旧啊?"

萧方笑着说:"这款衣服就是这种风格,今年最流行的复古风,样式、颜色与新潮、时尚、鲜艳的服装相比要显得低调得多。"

"嗯,是啊,但我怎么觉得有些皱呢?"

萧方说:"您说的这些小褶皱吧,可能是在运货的时候受挤压造成的。这个不是问题,如果需要的话,我们可以替你熨烫一下,保证会平坦自然。"

在说此话的同时,萧方顺势把衣服拿过来往顾客身上穿,嘴里说道:"来,我给您穿上,试试效果怎么样。"穿好之后,萧方又将双手轻放在男顾客的肩上,由中间往两边轻抚。然后,又将客户拉到镜子前,为顾客扣扣子,轻抚顾客的背部。最后说:"先生,您看看,您穿这件衣服多有气质,您自身稳重、大方的气质更容易凸现出来。"

这位顾客笑了笑,说:"嗯,还真不错,穿起来与看起来的效果就是不一样。"紧接着,男顾客爽快地掏了腰包,买了那件衣服,高兴地离去。

萧方利用偶尔触碰客户的机会,比如,试衣服的时候,她有意为之扣扣子,碰一下背部和肩膀等。因其行为得体而优雅,有效地拉近了与客户之间的距离,让客户感觉良好。作为销售人员,必须学会恰当地运用身体语言去影响客户,主动与客户搭讪,做到言谈中充满热情,面部表情绽放着微笑,体态语言舒展有度。

在与客户交流时,适当运用肢体接触,如轻拉对方的手、轻拍对方的肩,都能很好地拉近销售人员与客户之间的距离。但注意有礼有度，举止要大方、自然，以免引起对方的误解、反感。尤其当客户是异性时，在运用小动作时更应该谨慎些，如果对方不允许，绝不可以触碰对方，否则会给对方留下趁机"占便宜"、轻浮随便的坏印象。

那么，销售人员在运用身体小动作时，如何来把握好肢体接触的尺度呢？

（1）同性之间的肢体接触

同性之间的肢体接触，比起异性之间的接触要容易许多，如大胆地与顾客、客户握手，热情地与之拥抱。在营销的过程中可以多次利用肢体接触，影响对方对你的印象，影响对方的决定。

（2）男性销售人员对女性客户

不可否认的是，男性对女性的肢体接触最应该谨慎，千万不要滥用。因为一旦男性触碰女性的身体，女性的第一反应很可能就是：这个人想占我便宜，他不是什么好东西。如此一来，男性营销员就没有形象可言了，而客户自然会扭头走开。因此，男性销售人员对待女性客户要少用或不用肢体接触。

（3）女性销售人员对男性客户

毫无疑问，这种情况下，肢体语言对营销所产生的效果是最为明显的。一般来说，女性主动与男性有适当的肢体接触，男性很容易被女性的温柔和热情折服。在女性面前，男性顾客或客户有时候就像腼腆的孩子，很容易被影响。但是也要注意方式方法，以免引起对方的误解。

 销售人员在面对客户的时候，不一定完全要用口头语言来表达自己的想法，如果辅以适当的肢体动作等非语言手段，更有利于双方的交流。客户从你的肢体动作的细微变化中也能了解你本人和你的产品。

7.7 观察脚部方向，对客户的真实想法做到心中有数

美国 乔·纳瓦罗

下肢是身体中受边缘系统控制最有力的部分，按照从下到上的顺序，人体的运动组织受大脑皮层的控制越来越有力，受边缘系统的控制则越来越弱。

小孩子在急于要东西的时候，不会说话，常常会用跺脚、大喊来表示，这种跺脚的行为就是一种本能。可见，脚能反映出一个人的心理，心理学研究发现，脚的表现较其他部位更能准确地表达人内心的真实情绪。

一个人的站姿不仅仅关系到美感问题，更是一个心理问题。观察一个人走路的频率、方向、幅度以及身体状态，就可以直接获取这个人的心理状态信息。一个人内心不同的心情也会直接反映到他脚的反应上。比如，感觉没有舒适的站姿，不知道脚往哪儿放，就表示紧张、害羞；来回踱步，表示忧虑、愤怒；脚步幅度小，频度慢表示小心、谨慎；跳起来表示高兴、快乐；等等。各种站姿都是人潜意识中发出的，比如，一个女孩子从小在肢体动作上模仿男孩子，即使以后努力改正，其站立的姿势也难以及时地改变过来。这与她的成长环境以及长期形成的生活习惯有很大的关系，即使刻意去改正，也难免会暴露出来。如何站也许没有什么对与错，但是，在特定的场合，比如商业谈判、推销活动中，它的意义就远远不是这么简单了。

案例 6

董浩是某公司的业务代表，一天他如约来到客户林平的办公室。当时对方正忙得不可开交，于是，他识趣地坐在办公室外面的会客室耐心等候。大概到中午的时候，看到客户闲下来了，他才走进去提起正事。

"林先生，您可真是个大忙人啊！"董浩说。

"哦，这段时间的确很忙，请坐，但是我不希望我的时间被浪费。"董浩感到对方的热情中不乏冷淡。

"我们是约好了的，所以……"

董浩的话还没有说完就被林先生打断："可我现在没有兴趣，更没有时间。"

"这是上次我们谈话时你说起的资料。"说着董浩从文件夹里抽出资料来递给林平。林平显然没有想到他当时不过随口一说,而董浩却真的帮他找到了。他愣了一下,从座位上站起来接过资料。

董浩能感觉到当时空气的沉闷,林先生原本是不愿意和董浩谈话的,可是现在情况又出现了变化。董浩发现客户站立时开始不断变换姿势,这说明对方此时心理急躁、紧张、犹豫多变。董浩看得出,客户正在犹豫是否该和自己继续交谈,因为自己帮他找到了他需要的文件,这一点让对方不好意思断然拒绝。

董浩从林平不断变化的站姿上摸清了对方到底在想什么,看到对方的犹豫,董浩决定起身告别。他想,遇到这种情况必须日后再慢慢建立交情,这样比较有成交的机会。

"好吧,既然……"董浩装作起身欲走的样子。

这时,林平忽然说:"等等,我想知道除此之外你还想说些什么。"说这话的时候,他的态度明显缓和下来。这一刻,双方的谈话气氛也由原来的僵硬变得缓和了不少,接下来的谈话非常轻松,最终林先生接受了董浩推销的产品。

后来,他又允许董浩在公司里向其他员工推销产品。

与有声的话语一样,不同站姿的肢体语言信号在销售活动中也能表现出不同的含义,而且表意明确,这就为销售人员在推销过程中更准确地把握客户心理多了一份可能性。

有的人站立时,习惯双脚并立向前,有的则爱岔开双脚。为什么会有如此大的差异?从行为心理学上分析,这些肢体语言都体现着一个人的心理状况。因此,作为销售人员,与客户交流的时候,一定要注意对方双脚的方向,不同站姿所传达的信息也会有所不同。常见的站姿如图7-5所示。

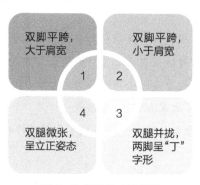

图7-5 常见的4种站姿

(1) 双脚平跨，大于肩宽

这种站姿大多代表此人自主性比较强，性子比较直，心里怎么想的往往就怎么说。因此，遇到这类客户不需要太过拘束，可以直接向他们推销产品，比如说："有件很适合您的商品想介绍给您。"但这样的客户缺点也十分明显，比较主观，有些顽固。但只要你能确实说明适合他们的理由，他们也会不自主地说服自己。

(2) 双脚平跨，小于肩宽

这种站姿大多代表此人乐观开朗，做任何事都有耐心和毅力，能接受新的思想和观点，不会轻易向对方妥协。遇到这样的客户，最好用产品引起对方的好奇，因为他们对于能被大众接受的事物都很有兴趣。比如可以说"向您介绍一款很受欢迎的产品"，通常能够引起他们的兴趣。

(3) 双腿并拢，两脚呈"丁"字形

这类站姿的客户个性大多较复杂多变，通常对自己信任的人推心置腹，对陌生人则拒之于千里之外，所以，如果对方对你很陌生，成交的机会就很小。遇到这类客户，必须先与其成为朋友，拉近关系，再谈生意。如果能经由中间人介绍与客户认识最好，这样会大大增加客户对你的信任度。

(4) 双腿微张，呈立正姿态

这类站姿的人做事小心谨慎、警觉性高，不会轻信其他人的话。而且这类人通常不会向外人表露真实情感和情绪，销售人员一般很难揣摩到对方的心思。对待这类客户，直接而充满期待地提出请求，通常能让他们放下防卫姿态，化解他们习惯性的闪避。销售人员可以先用微笑获得对方的好感，然后尽量以请求的口吻对他说："我今天已经被拒绝几十次了，您是我最后的希望。"

一个人双脚的姿势的变化，反映着一个人当时心理的变化。如果你不能通过客户双脚的变化来体会客户的心理变化，将很难把握客户的心思。把握不住客户的心理，销售人员就很可能陷入与对方僵持不下的局面。

7.8 识别客户撒谎的信号，知己知彼方能百战百胜

> 德国
> 海涅
>
> 生命不可能从谎言中开出灿烂的鲜花。

在推销过程中，很多销售人员会遇到这样的情况，"我又被客户骗了"。被客户骗是一个非常常见的现象，原因多种多样。其实，无论出于什么原因，如果销售人员能站在客户利益角度上去想，就很容易理解对方。从心理学上分析，人撒谎绝大部分是出于自我保护。可见，客户对你撒谎是一种正常的心理。作为销售人员不应该纠结客户该不该撒谎，而是应该搞清楚客户为什么撒谎，以及如何识别这些谎言。

从肢体语言角度来看，一个人撒谎会有很多征兆，说实话与说假话所表现出来的姿态完全不一样，即便再会掩饰，也很难做到滴水不漏。

案例 7

李强是一位保险业务员，一天，他上门拜访一位客户。当这位客户得知李强是来推销保险时，态度立即发生了转变，非常不友好，他双手一摊，双肩一耸，露出一副难为情的表情："对不起，保费太贵，我付不起，我也不需要保险。"

李强从客户不自然的肢体动作中看出对方在撒谎。客户的拒绝一定是有原因的。想到这一点后，李强决定不轻易放弃。

他对客户说："先生，如果真是这样，我觉得您更需要保险，在我从事保险工作的十余年里，我深深体会到：有钱人可以不买保险，因为他们有钱，即使生病了，也有钱治疗。可是，没钱的人一旦生病，哪里有钱来支付医药费呢？如果买了保险，就不用愁医药费了。"

客户觉得李强说得很有道理，一阵沉默后，还是让李强进入了屋内。

"但是，我真付不起保费。"

李强停顿了一会儿，继续说："先生，假如现在您要住院动手术，还会对医生说'对不起，我付不起医药费，不用手术了'吗？我想，到时候您无论如何也会想办法凑钱的，因为您意识到了不做手术的严重后果。购买保险就宛如做手术，是为

预防疾病而采取的必要措施。"

客户听了不发一言，但从他的表情上，李强看出客户的抵触情绪已经消除了，他的眼神好像在告诉李强"你继续讲吧，直到说动我为止"。

接下来，李强又为客户分析了购买保险的必要性，详细地介绍了保险的种类以及付款事项等。在他的再三劝说之下，客户的想法终于发生了转变。李强把握住了这次机会，最后大获成功。

李强的这次推销之所以能够成功，是因为他从客户僵硬的肢体动作中看出了客户在说谎。既然是说了假话，那就证明客户并不是真的没有购买能力，而是没有说服他购买保险的理由。因此，李强在谈话中，向客户着重强调买保险的必要性，最终打动了客户。

心理学家奥惠亚等曾做过这样一项实验：指示被实验者用谎言回答面谈者的提问，并分别记录刚刚下达指示后、撒谎前、撒谎时、撒谎以后等各个时间段里的非语言型行为，与不说谎时的行为加以比较。刚刚接受指示后，被实验者撒谎的时候，回答变得更加简短，而且还伴有摆弄手指、下意识地抚摸身体某一部位等细微的动作。由此可见，人在撒谎的时候越是想掩饰自己的内心，越是会因为各种身体动作的变化而暴露无遗。

身体永远不会撒谎，只要你仔细观察，对撒谎前的肢体特征有足够的了解，就可以轻易地辨别客户哪些话是在说谎，哪些话值得信赖。通常，一个人在撒谎时，全身都会有所反应，常表现为图7-6所示的4个肢体特征。

图 7-6 一个人撒谎时表现出的 4 个肢体特征

（1）不敢直视对方眼睛

研究发现，一个人在说谎时，通常不会直视对方的眼睛，否则会暴露自己的内心。因为直视对方需要专注,眼部有一些反应,如眼球干燥、瞳孔放大、频繁地眨眼。眨眼的动作就是致命的弱点,无疑暴露了自己在撒谎。所以销售人员应该反其道而行之,为避免客户撒谎,与客户交流的时候要盯着客户的眼睛,如果发现客户眼神闪躲、不敢与你对视,很有可能就是在撒谎。

(2)眼睛不时地向右上方看

一个人说谎的时候,他的眼睛还有一个重要的特征:习惯性地向右上方看。这是因为一个人说谎时,他们的大脑一直在高速运转着,努力虚构一个声音或图像,而人的大脑在高速运作的同时,眼球也会跟随着运动,它运动的方向是右上方。

这种"眼动"是一种反射动作,大多数人是假装不来的。同样,当一个人没有撒谎,所说的话是真的时,他们的眼睛则会习惯性地向左上方看。销售人员可以根据这个特征来判断客户是否在撒谎。

(3)鼻子会逐渐变大

人在撒谎的时候,鼻子也会比平时大,这是因为说谎时,身体内部反应强烈,多余的血液会流向鼻子处。有些人甚至整个面部都会变红。这还会使说谎者的鼻子膨胀。当然,这种变化是微弱的,通过肉眼通常是看不到的。销售人员需要知道这一点,有意识地观察对方鼻子的动作,比如,有的人在撒谎时,会觉得鼻子不舒服,不经意地触摸它,总是习惯摸自己的鼻子,这也是这种生理反应的延伸。在与客户的交流过程中,一旦发现对方有此小动作,就可以判定这是说谎的表现。

(4)说话声量和声调突变

人在说谎时,声音也会有所变化,包括声调、语速、音量等都会不自觉地变化。这往往是说谎者为了掩饰内心的不安与恐慌的表现。如果你发现客户说话的声调忽然发生变化,由粗变细,或者由细变粗,你就得警惕了。这很有可能是客户撒谎时为了掩饰内心恐慌的表现。

 销售人员知道客户在说谎后,最重要的是如何揭示真相。这个时候,不要直接去责问对方,如"当时你为什么不在那里?"或"你是在骗我吧?"等。这反而会令对方提高警惕,死守他们的谎言。不如仔细观察一下他们说话时的反应,正确使用肢体语言,鼓励对方说真话。

第 8 章

关键 8：坚定客户决心，一锤定音促使客户下单付款

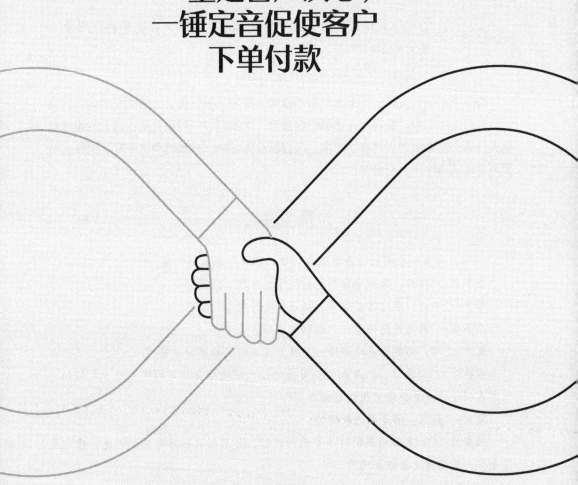

很多时候，前期铺垫工作做得已经非常到位，总觉得瓜熟蒂落，客户应该下单购买，可客户就是迟迟不下单。就像练武之人，感觉已经练到一个极致，可任督二脉就是打不通。作为销售人员这个时候不能操之过急，直接要求客户购买，或冲客户嚷嚷，而应该利用一些诱导技巧，坚定客户的购买决心，促使客户下单。

8.1 多肯定客户，让客户自己说服自己

> 佚名　肯定性的语言，能让客户坚定信心，让客户在宽松的氛围中接受自己。

心理学家研究发现，一个人只有不断地被肯定、被鼓励，才能激发出内在的潜力。在日常生活中，细心的人也都会注意到，当我们以一种积极的、肯定的态度与他人说话，或者求他人办事的时候，很容易获得好感。在推销中也一样，销售人员要不断地认可客户、肯定客户。

案例 1

一位广告策划公司的业务员正在向他的客户介绍策划方案。

业务员："张总，策划方案您也看过了，有什么意见？"

客户："不错，不过有些细节问题还需要再完善一下。"

业务员："意思是您同意我们提供的策划方案了？"

客户："对，你能否具体解释一下接下来如何实施这份方案？"

业务员："您放心，这是我们公司高级设计师结合贵公司的实际量身定做的，一定有助于提高贵公司名气和影响力。"

客户："我想，那是毫无疑问的。"

业务员："如果按照我们的方案进行试验，并且对试验结果感到满意，你们是不是下一步就可以签订合同？"

客户："对。"

业务员："那么我们现在可以先签个协议吗？"

客户："可以。"

事实证明，只有引导客户做出肯定性的答复，使得一步步地认可产品，才能逐渐促使客户下决定购买。试想，如果你每提一个问题，对方都是以"不能""不行"等否定词来回答，这场谈话很有可能就无法进行下去。因此，在与客户沟通时，销

售人员应该多提一些需要做肯定性回答的问题，以此来获得客户的肯定，增强客户对自己的好感。

获得客户的肯定和承诺，必须引导客户自己肯定自己，那么在这个过程中，应该注意哪些问题呢？具体做法如图8-1所示。

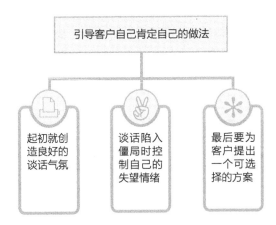

图 8-1 引导客户自己肯定自己的 3 个做法

（1）起初就创造良好的谈话气氛

很多时候，客户对销售人员有一定的偏见，抱有各种猜疑、防备的心理，甚至有敌对情绪，这一定程度上也会影响客户对产品的评价。在这种情况下，客户对你有更强的戒备之心，想要获得客户的承诺是非常难的。这就需要与客户见面初就努力创造一种良好的谈话气氛，热情友好、轻松愉快，这有利于加强与客户沟通，消除双方隔阂，弱化猜疑、警惕、紧张等负面情绪。

（2）谈话陷入僵局时控制自己的失望情绪

对于销售人员来讲，谈判有时会陷入僵局，双方为了顾及"脸面"而彼此不肯做出任何让步，陷入进退两难的境地。这个时候，情绪不可避免地要受到影响，但是，销售人员必须学会控制自己的消极情绪，任何一种感情的流露都不能阻碍谈判的顺利进行。

（3）最后要为客户提出一个可选择的方案

要想获取客户的承诺，最有效的方法就是，要结合客户实际情况，提供一个具有可选择性的解决方案。然后，让客户自己从中确定一个最佳方案。这个方法可以作为达成协议的标准。即使客户暂时不能购买，有了这个解决方案，就会使自己在谈判中更加主动，有更多回旋余地。解决方法越可行，越切合客户实际，对客户的影响就越大。

> **小贴士** 从行为心理学上讲，被别人肯定和欣赏是一个正强化的过程，他使自己更加认可自己的行为，自尊自信。所以，在与客户交流的时候，一定要不断强化客户肯定自我的意识，这样，无形中客户就被自己说服了。

8.2 运用稀缺原则，促使客户迅速采取行动

> 佚名　当某个人看到自己想要的东西数量有限时，就会认为自己所向往的产品价值更大。

人通常都有这样的心理，越是不容易得到的东西，好奇心越强，想得到的渴望越强。这就是心理学上提到的稀缺法则。这个法则是指，任何资源是相对无限的，而对人的欲望来讲，又都是相对有限的。资源是相对无限的，指的是资源是客观存在的，存在于任何地方、任何时期，相对有限则指的是任何资源永远无法满足人无限膨胀的欲望。这个法则就是心理学上"激将法"的理论基础。客户没需求时激发需求，客户动心了，又故意不直接卖给对方。这样一来二去，把客户的胃口吊足了，再进行推销反而更容易推销出去。

在当今这个消费时代，人们消费各种商品的欲望越来越大，很多产品已经不能满足这种欲望。所以，为获取这种有限产品必须付出某种代价，比如，客户需要某种产品，销售人员可以故意"卖关子"，比苦口婆心地劝说购买更能激发他们欲望。

━━━━━━━━━ 案例 2 ━━━━━━━━━

魏定国是一家地产公司的销售人员，他有一位客户，这位客户对市中心一商业地带的商铺有意，但因为价格上有点分歧，久久未签合同。魏定国三番五次地去拜

访、电话督促均无效，他为此非常烦心。今天这位客户主动打来电话，要求再谈一下合同的细节，魏定国却婉言拒绝了。

"是A楼盘置业顾问魏定国吗？"

"王女士您好，我就是，有什么需要帮助您的吗？"

"关于那套房子，我想再跟你沟通一下。"

"您是说前几天那套商铺的事情啊，我现在正在处理这件事，回头我给您回话吧。"

"你说什么？这套房子我不是已经预订了吗？"

"是的，但是您也知道我为您预留的这间商铺地处商业中心，地段非常好，有许多商户都非常感兴趣，今天已经有另外一个客户看中，来店里咨询，我正为他介绍呢。"

"小魏，我这次打这个电话就是想跟你商量这件事……"

还没等王女士开口继续，魏定国说道："您的眼光非常不错，这个位置正适合开一家餐馆，这个客户与您一样，准备在此开餐馆。"

"小魏，这样吧，这家商铺你还给我留着，我开车马上到。"

客户说完立即放下电话，开车来到店铺，签下了合同。

案例中的这位销售人员，正是在不断地吊客户胃口。销售人员在推销的时候，就可以充分利用客户这种"怕买不到"的心理，利用有限的产品来调动客户无限的欲望，在欲望的驱使下，促使客户尽快采取购买行动。

在推销中，销售人员应该充分利用客户的这种心理来促成成交，因为很多时候，客户迟迟不肯购买并不是对产品不满意，而是故意拖延时间，寻找各种理由来增加谈判的砝码。比如，客户对你产品的价格不满意，但是又不直接提出，而是借购买力不够或者产品有瑕疵提出异议，意图降低价格。如果能读懂了客户的这种心理，就应该积极采取应对措施，针锋相对，以防落入对方的圈套。

这个时候，你作为销售人员，就应该主动出击，可采用这种"稀缺原则"，意在告诉客户，如果你不买，很快就买不到了。比如，可对客户说："这种产品只剩最后一个了，短期内不再进货，您不买就没有了。"或说："今天是优惠价的截止日，请把握良机，明天您就买不到这个价了。"这时，客户往往会果断购买。

稀缺法则能够很好地激发客户的购买欲望，是一种奇特的销售策略。用得好，一招制胜；运用得不好，反而会阻碍推销的顺利进行，甚至导致推销失败。所以，销售人员在运用这种策略前，一定要明确以下3点，如图8-2所示。

图 8-2 运用稀缺原则时的注意事项

（1）客户有明确的购买意向

弄清客户是否有购买意向是实行这种策略的先决条件，这一点至关重要。运用之前必须摸清客户的心理，知道客户为什么不购买，比如，你知道了客户之所以不购买，是因为对产品的价格有异议，在谈论过程中，就要尽力避开这个话题，利用产品的其他特征去吸引对方。当对方被产品的这些优势所打动之后，反过来再谈论价格压力也就大大减轻了。

（2）把产品所有优势集中在客户需求上

在与客户交流时，一定要集中产品优势，把产品的优势瞄准客户的需求。因为这是决定客户最终是否购买的最有力的武器。比如，产品优势在于性能超强，那么，客户无论有多少异议，只要认准了这一点，想购买这种产品，即使你一口咬定不降价，对方也不会轻易放弃。销售人员在这个阶段的工作就是把产品的优势淋漓尽致地体现出来，让客户感到这种产品对他的确有用。

（3）积极主动，把握好时间问题

激发客户的购买欲望，关键是要了解什么时刻去激发才更有效。这个"时刻"具体如何来把握是非常重要的。因为，推销毕竟讲究时效性，如果客户发现你始终无法谈到产品的主题上来，就会心生厌烦，一些脾气急躁的客户可能会直接拒绝，这将会导致你的工作前功尽弃。

> **小贴士** 在销售中"卖关子""吊胃口"是非常敏感的，因为这种策略属于主动撤退性的。有的销售人员不敢用这种方式与客户沟通，害怕客户拒绝，从

而彻底失去推销的机会。如果怀着这样的心理，你已经陷入了被动，很容易让客户看破你的心理动机。

8.3 巧妙使用限制策略，唤起客户怕失去的心理

英国 托马斯·哈代

内心的恐惧属于生命的一部分，在外力的驱使下，这种感觉会更加强烈。

在推销中，"最后期限"是一种非常常见的推销策略，比如，我们经常在商场门口看到这样的标语："5月1日—3日期间，所有商品8折""国庆节期间，买家电送大礼"。其实，这都是一种"限定期限"的推销手段，这种方法即利用了人的一种"爱占便宜"的心理。

其实，限定期限这种方法适合于各种销售活动，目的是营造一种紧迫感。一般来讲，一提到最后期限，客户会意识到参与交易的时间有限，便有可能行动得更快。

案例 3

小伟是某外贸公司的销售代表，被公司派往新加坡进行一场出口谈判。他一到客户公司，就受到了贵宾级待遇。可令他费解的是，对方却没有尽快完成谈判的意思。前三天他被带去游览当地的风景区，直到第四天才开始谈判，但也没谈实质性的内容，断断续续谈了四五天，谈判工作仍毫无进展。

小伟想，公司只给了自己10天的时间，眼看就临近回国的日子，照这样的谈法到最后势必无法完成任务。此时，小伟也终于明白，客户使用了拖延战术，意图达到多方考察合作伙伴的目的。事实也确实如此，该公司正在悄悄联系其他合作伙伴，并且都处于试探性的谈判中。

为了打破对方的"诡计"，小伟采用了设定最后期限法，意在让客户有紧迫感。

于是，在紧接着的一次谈判上，小伟认真地对对方谈判代表说："原则上，明天就是我回国的日子，而我们的谈判毫无进展，眼下时间非常紧张，我们还是尽快

谈谈合作细节吧。"

客户问:"按照您的意思,这是我们最后一次谈判了?不,不,您至少还得在这里待3天,还有很多细节需要我们共同商定。"

"我公司只给了我10天的时间,明天是最后期限。不过,鉴于我们这种特殊情况,我可以向公司申请延长归期,希望贵公司不要把时间花在签约之外的事情上。"

客户忙说:"为了我们共同的合作,希望您向贵公司申请延长归期,我方也势必尽快完善合作细节。"

谈毕,双方散会。

散会期间,小伟以书面的形式正式通知对方:可以延长归期至12天,双方至少还可以进行3轮谈判。

客户在得到小伟的书面通知后,果然认真起来,谈判气氛也异常融洽,随着截止日期的接近,一个个协议细节得以确定下来,之前一些有争议的问题也迎刃而解。

原来,在小伟下了最后期限的通牒后,客户也陷入了被动:如果不尽快做出决定,就会失去小伟这个大客户,甚至最后一无所获,因此只好按照小伟设定的"最后期限"尽快完成签约。

上述例子充分说明了"利用期限"来促进销售的方法是十分有效的。在推销、谈判进入胶着状态时,为了打开僵局,作为销售人员有时候必须大胆出击,出其不意。给客户方下达最后期限,即向对方下最后通牒,往往能够打破客户"拖延"的希望,促使正在犹豫的客户尽快做决定。

采用限定期限的推销手段是有条件的,它通常是在客户故意采取拖延战术,且你已将优惠条件降低到最低限度的情况下不得不采取的一种特殊策略。采取此策略,首先要明确自己的优势在哪里,确信别的竞争对手没有足够的力量与自己展开竞争。其次客户对销售人员十分信任,或者已有长期的合作关系,如果客户放弃合作就很可能没有更好的选择。

此外,采用此策略时销售人员要注意自己的态度必须严肃、认真,引起客户的足够重视。销售人员通常使用日期限定法,为客户限定某个日期时,可以参考下列表述:

"8月1日价格就要上涨了。"

"存货不多,欲购从速。"

"如果再不惠顾,我们就要关门了。"或者是:"结束在即,大甩卖,不要错过良机。"

"大拍卖将于9月30日截止。"

"唯有立刻订货,才能确保买到你所需要的产品。"

"如果你不在10月1日以前给我们订单,我们将无法在11月1日以前交货。"

"有艘货轮将在本日下午2点开船,你要不要马上购货,赶上这班船呢?"

"如果我们明天收不到货款,产品就无法为你保留了。"

这种方法可以促使客户尽快决定购买,但是,这种策略是一把双刃剑,销售人员在使用时要慎之又慎。通常会出现两种结局,可能促使谈判成功,也可能中断谈判,前功尽弃。所以,通常是在不得已的情况下才使用,而且使用时需要注意以下3个问题,如图8-3所示。

图 8-3 使用限制策略应注意的 3 个问题

(1)提出的时机要恰当

销售人员在向客户下最后通牒之前,一定要把握好时机,不能太早。有的销售人员在推销开始阶段或者中途就态度十分强硬,这只会导致推销失败。通常是在推销已经基本完成,客户已经答应了大部分要求,只是部分问题上没有达成协议;或者在时间、精力等方面已经有所消耗,对方已经无路可退,难以抽身时才可下最后通牒。

(2)给定限制要有一定弹性

使用限制策略的最终目的不是将客户逼到死角,让其无路可走,而是提醒对方应该更加重视这次合作,尽快做出决定。所以,销售人员在给定限制的时候,要有一定弹性,应该设法给对方多留一些选择的可能性,至少在对方看来是两害相权取其轻。

(3)给客户留出足够的时间考虑

向对方下最后通牒,相当于让对方放弃自己原来的条件与立场,这通常是非常难的。所以,一定要为客户留出时间来考虑,这样可使对方减轻敌意,不至于引起直接的矛盾冲突。

小贴士 在销售的最后阶段，很多客户都会提出苛刻条件，向客户施加压力。而有的销售人员也常会表现出不耐烦、心神不定的神情，甚至说些难听话。其实，越是在最后时刻，越要有耐心，不要因为自己的情绪而前功尽弃。这个时候，销售人员往往可以给客户设定限制条件，使客户尽快下决定。

8.4 找到双方的一致利益，与客户达成一致

德国

阿尔布莱希特·比法尔

> 赢家是这样一批人，他们能够赢得和说服那些不再相信一切、不再立即购买、不再购买高价产品的客户。他们能在绝境中创造惊人奇迹。

心理学上有个"一致性规律"，该规律是指当某个人对某个问题有自己坚定的观点和立场时，通常是不易改变的。无论自己的观点正确与否，即使对方提出反驳的证据，也很难改变自己的初衷。当然，在推销中，作为销售人员要引导客户建立起正确的观念，但是必须与客户利益保持一致。只有加强双方利益的一致性，才能尽快地达到目的。

销售的目的是实现双赢，客户要获取的是产品带来的服务或利益，销售人员则要获取订单，得到一定的经济利益。从这个角度看，双方只有实现双赢才能达成一致，取得圆满的结果。所以，对于一个销售人员来讲，在推销过程中，必须找到与客户利益的共同点，让客户认识到与你做交易是值得的。

案例 4

李建厅是一位做建材生意的销售人员，一次，他在拜访一位代理商时就材料的价格与客户发生了争执。对方提出了很多不合理的要求，好在李建厅巧妙化解了这些矛盾，否则，将会失去一笔大生意。

客户："这批材料价值50万元，没有商量的余地了吗？"

李建厅:"这个恐怕不行,这都是新上市的进口材料,而且公司有规定必须按原价出售。"

客户:"这些我都懂。我做这么多年的建材生意了,以我的经验,价格上完全可以再优惠一点。"

李建厅:"王总,十分抱歉,感谢您对我们公司的支持,但是,的确不能这样做,我们给每个客户都是这个价格,如果对您开这个特例,以后的生意我们怎么做?"

客户:"别跟我来这套,你就给一个价吧。"

李建厅:"这批材料是刚从国外进口的,与以往的不同。而且……"

话还没说完,客户已表现得有点气愤了:"这个事情我比你懂,不用说了,把你们的经理叫来,我要当面和他谈谈。"

李建厅:"对不起,我们经理正好出去了,要不您先等会,先喝杯茶。"

李建厅:"王总,您在这个行业也做了这么长时间,这个市场行情您应该懂。这不是我们自己说了算。如果您实在接受不了这个价格,我可以为你推荐另一款,我想以您的眼光完全可以区分出两款的不同之处。"

李建厅说着,就出示另一批材料的样本给客户看。这时,他注意到,客户看都没看,就挥挥手说:"这款木材不是××地出产的吗?这谁都知道,两者当然不能相提并论了。"说完,便跷起二郎腿,喝着泡好的茶。

"对,王总,我就说您是最识货的,我们做生意的都讲究一个双赢,您在赚钱的时候也兼顾一下我们的利益嘛。这样吧,我向总公司申报一下,力争为您争取降低1个百分点,怎么样?"李建厅说完,两眼热切地盯着客户,等待着客户的答复。

"好吧,一言为定。"

就这样,第二天,李建厅就以降低1个百分点为条件,与对方达成长期合作协议。

李建厅见客户的确有诚意,在说明产品优势后就主动降价,从而占据了谈判主动权。客户在看货后,也认为产品物有所值,欣然接受新价格。销售中双方都在追求双赢,但不是任何问题都能达到双赢。通常谈判陷入僵局的情况,都是因为谈判者采取了立场式的谈判方法。这时必须有一方做出一定的让步来达成协议。但这样,谈判就会变为一场意志力的较量,看谁最固执或者谁最慷慨。谈判一旦陷入一场持久的僵局中,将不利于双方以后的进一步合作。

这时候,我们就需要淡化立场,追求双方利益的共同点。我们许多人在感情用事时,往往忽略了在双方对立的立场背后,既存在冲突的利益,还可能存在共同的或可以彼此兼容的利益。当然,让步的谈判并不等于是失败的谈判。在谈判中最忌讳的是随意做出不当的让步。有经验的谈判者会用对自己不重要的条件去交换对对方无所谓但自己却很在意的一些条件。这样的谈判才可能是一个双赢的谈判。

只有彼此找到一致利益,才能促使客户下单。那么,如何寻找双方的共同利益呢?销售人员可以从以下3个方面做起,如图8-4所示。

图 8-4 销售人员寻找与客户一致利益的 3 个做法

(1)察言观色,侦察利益点

一个人的心理状态都会体现在自己的表情、谈吐、举止等方面,甚至与你日常的生活习惯、穿衣打扮有不可分割的联系。所以,在与客户打交道时,完全可以通过察言观色去发现客户的利益点。只要善于观察,就会抓住客户的心理状态,找到自己与对方的共同点。

(2)以话试探,揣摩利益点

与陌生客户会面,要实现良好的沟通,开口讲话是必要的。那么,一开始谈论什么?最重要的就是以话试探。可以以打招呼开场,可以以介绍产品开场,也可以找机会闲聊,但是有一点必须谨记,就是在谈话过程中要不断揣摩客户的利益点在哪里,同时要分析、揣摩对方的话,从对方的话语中发现利益点。这种交谈看上去是很偶然、很随意的,实际上是有意识的。只有通过"火力侦察",发现利益点,接下来的交谈才能顺利进行下去。

(3)步步深入,挖掘利益点

发现利益点是不太难的,但这只是谈话初级阶段所需要的。随着交谈内容